跨越界限

城市青少年的教与学

瓦莱丽·金洛克◎著

杨 洁 唐晶晶◎译

华东师范大学出版社

无论你是什么身份,
谨以此书献给与期望抗争的你。

目 录

前 言　1
致 谢　1

绪论　"女士,你热衷于此":跨越界限与合作变革　1
以学生为中心　6
向前迈进　7

第一章　跨越教学与教师教育的界限　11
面对差异的思考方式　16
开端:跨越界限,源自社会变革的经验　27

第二章　教与学的平等和多样性:常年高中的案例研究　33
当地环境:东哈勒姆区一览　38
案例:常年高中一览　40
对观察记录的反思　42
常年高中的高级英语课程和方法论问题　49
案例和条件:展望未来　53

第三章　达米亚的民主:教室是文化参与的场所　55
继续向前寻求答案　57
"你必须……才能拥有民主":课堂是民主参与的场所　61
民主参与在教与学中的情境实践　63

实践中的民主参与　　66
　　达米亚的民主：暂无影响　　75

第四章　"你管谁叫作家？"：说实话，是罗伯特和奥雷利亚诺　　77
　　我们是作家　　80
　　接纳作家的立场　　83
　　说实话，是罗伯特和奥雷利亚诺　　96

第五章　为克里斯蒂娜哭泣　　99
　　谁在哭泣　　102
　　权力和别人家的孩子　　103
　　文化身份　　106
　　走出沉默，走出挣扎　　121

第六章　超越课堂教学：图书馆门厅里的文化与社会公正　　123
　　"这算文化吗？"：在图书馆里学习　　127
　　突破：不依赖假设　　130
　　"害怕'害怕'本身"：最后的建议　　132

译后记　　135
附录A　英语课程的学生　　139
附录B　职前教师向学生提出的问题　　143
参考文献　　147

前　言

对于阐述"讲故事"的作用和"人类必须继续书写人类故事"的必要性,相关的著作已经数不胜数。青少年口耳相传,将他们生活中熟悉的部分交织起来编写成自己的故事。随着对故事的抽丝剥茧,众人用嬉笑、认同、质疑以及偶尔类似"绝不是真的"的否定来肯定故事的精彩。成年人也会滔滔不绝地讲述自己的故事,其中的每一个观点都伴随着此起彼伏的赞同和反对。

本书讲述了有关城市青少年和成年人教与学的一系列故事。这些故事并没有固定的角色设定。故事的扭曲和反转通过教师与学生的角色互换呈现出来。故事的主人公在讲述时,无不充满各种困惑、惊愕、好奇、崩溃或愁苦的情绪。故事也因为保留了学习、抗拒、告发、抗议、责骂、指导和帮助的情节而得以延续;对包括老师和学生在内的所有学习者来说,这些故事情节仿佛每时每刻都在重复上演着。

叙事的主要功能在于:不给故事情节画上句号,既让读者产生共鸣,又吊足他们的胃口。

读者可以从本书中找到很多能让故事延续下去的主题。这些主题会激发读者去创造他们自己的故事——或许与我们的故事相似,或许与我们的故事背道而驰。本书所讲述的故事围绕三个主题展开。其中最重要的一个主题是,让教师们通过了解自己在生活中的求知需要重新成为学习者。第二个主题是对上述主题的支持:对传统信念的质疑和偏离激发了教师学习的意愿和需要。第三个主题强调民主交流的"议事演说"。

毫无疑问,本书频繁出现的角色互换会使读者,尤其是那些准备成为教师的读者感到困惑。他们一定会问,作为教师,如果不能把满腹经纶坚定地带入自己的课堂当中,那么他们在接受高等教育的过程中所花费的时间又有多大意义呢？本书中的很多内容也会让他们对课堂纪律和课堂控制产生质疑。他们会问,如果把大量的课堂时间花在学生认为重要的内容,而不是依据国家标准和专业评估方法的要求去展现重要的内容,课程知识如何真正被有效习得？他们将坚持认为,这里的故事表明,只有具备某些个性特征的教师,才能把自己塑造成既愿意向学生学习又愿意与学生一起学习的人。同样令许多读者苦恼的是,在这种学习过程中,背离"常态"的情况必然会发生。

对怀有这些疑惑的读者来说,只有保持警惕和充满想象力,才能找到自己对这些问题的答案。换言之,只有对惊喜保持接纳,对意外抱有希望,才有助于促进教学相长。在这种打破常规的过程中,课堂成员会对不守规矩的学生施加社会控制,以保证学习活动的流畅性。在此过程中,阻碍课堂活动流畅性的违规学生最终也会从其他学生那里获得足够的学术和情感支持,重新融入学习环境,与同学协力构建信息和提高技能。书中所讲述的故事清楚地表明,只有学生被允许接受集体学习的元认知预设时,他们才能将社会控制作用于那些不守规矩的学生。

本书的理念是"民主参与",它使课堂上的每一个人都可以成为学习者。然而,为了使这种理念成为可能,"议事演说"必须成为我们每天口头交流的主要手段。议事演说是亚里士多德在《修辞学》中作为民主主义的基础而首次提出的,它依赖于发言者之间思想的来回碰撞,通过表达不同观点、听取意见以及以协作的心态对话交流来实现集体决策的目标。议事演说不会以发言者达成某种共识或行动计划为目的。其优势在于鼓励发言者畅所欲言,侧耳倾听并提出见解。那些习惯于议事演说的人,如本书所提及的人物,在论述时都会基于理性的判断、均等的发言机会以及深思熟虑的论证来考量。对运用议事演说的人来说,群体的共同利益优先于个人利益。那些在生命旅程中永不停歇的、没有确定答案的议题最适合作为议事性话题,比如正义、公正、公平、民主和自由。

包括教师和学生在内的学习者长久以来都在与许多这样不确定的议题搏斗。那些生活在阴霾之下的人,他们所经历的家庭破裂、家暴、遗弃、情感剥夺以及自身强烈的不安全感,激发了他们向往精神自由的热情和对正义、民主的思考。这些通常不为人知的恐惧衍生了无穷无尽的隐喻和故事,学习者从中提取并对欧里庇得斯(Euripides)及埃米纳姆(Eminem)的文学主题和创作模式进行了对比。贯穿这些艺术形式的抽象概念是英语(和社会科学)课程中最受欢迎的话题,是文科,包括视觉艺术、音乐、戏剧和文学课程以及历史学和哲学的核心。"文科"最初诞生于18世纪的西方国家,通过关于空间和时间的议事演说(通常称为对话或席间座谈)被提出来。文科勾勒的蓝图为人文科学奠定了基础。这个蓝图中讲述的故事时刻提醒我们,我们作为"人"(和践行人道主义)的能力取决于我们能否使用结构化的符号系统(尤其是语言)来彼此联系、制造和提供佐证,并维持一个恒定的比较思维框架。到19世纪初期,艺术和人文学科被正规学校内部对控制、争论、纪律、学习以及教学标准化规范的呼声所排挤。到20世纪末,生活在现代经济环境中的家庭也逐渐失去了维持议事演说所必需的共同计划和活跃的交流。双职工家庭、单亲家庭,特别是贫困家庭,既没有机会也没有时间通过诗歌、音乐和世界艺术的比较视角来审视他们当前的状态。议事演说旨在构想一个构建信息、终身学习和健康人际关系的未来。然而,生活在现代经济环境下,鲜有家庭能意识到其所需的力量及可能性。

尽管上述内容在本书中均有实证,但读者仍应本着审慎的精神来进行讨论,也就是说,必须将自己的问题代入这些故事中。不是哪个故事都值得我们深信不疑的,相反,最好的反而是那些会产生棘手问题的故事,它们能够衍生更多的故事、更多的角色,发展出新的情节。例如,读者可能会自然而然地对本书讲述的故事产生疑问:是什么样的学校教育使得议事演说如此稀缺?当难得的民主参与机会(例如本书中描述的案例)作为一种独特的一次性体验出现时,会带来什么"好处"?课外小组和社区组织如何帮助满足教师和年轻学习者进行角色互换的迫切需求?本书中的年轻人都居住在东哈勒姆这个历史悠久的地方,这是否会对故事本身产生什么影响?

如果这些问题和其他同样难以回答的问题没有在他们的故事中被提及,读者一定会对书中的年轻人感到不满。毫无疑问,书中的这些学习者喜欢参与对这些问题的交流讨论。他们希望读者能够满怀真诚和尊重地与他们互动,让他们可以再次融入一个相互支持的学习者团体,一起参与到对民主主义至关重要的议事演说中去。

雪莉·布莱斯·希思(Shirley Brice Heath)

致　谢

倘若没有收到常年高中的邀请,与该校校长交流,与学生一起工作,就不会有这本书以及我从这次经历中学到的经验教训。我会永远对友好而充满善意的前校长维罗尼卡·欧文斯(Veronica Owens)及其他校领导、教师、工作人员,特别是与我合作的学生心存感激,是你们使这本书成为可能,也是你们一直激励和强化我对教学事业的热爱。

那些在我走下公交车、离开地铁站或是信步走向常年高中校园时与我擦肩而过的人,那些与我好奇地对视、互相微笑和大笑的人,我将怀着惜别的心情向你们道一声"谢谢",是你们为我指引了道路,鼓励我继续前行。毫无疑问,在这个有着太多不公和无情的世界里,你们是灵魂幸存者和真正的无名英雄。

公立学校的教师经常会受到不公平的对待,他们不得不面对公众的批评,为自己的工作进行辩解,不得不与国家批准的测评体系抗争,不得不与那些自以为是、毫无教学经验的人理论。教师是那些夜以继日工作的勇士,是那些在下课后留在学校,直到深夜大门上锁都不愿离开的孜孜不倦的劳动者,针对他们的抨击究竟意义何在?我们是否忘记了对教师的要求,即必须为培养未来领导人做足准备?这些准备并不是一夜之间就可以完成的,他们要通宵达旦地批改摞成小山似的作业,研发创新课程,用最好的方式接触和激励学生,同时还必须偿还大量的助学贷款。而现在,他们居然还要与那些反对集体谈判权的抨击者做斗争?至少我无法忘记你们的所有付出。

因此,我由衷地感谢所有公立学校的老师!就个人而言,我还要感谢那些在南卡罗来纳州查尔斯顿的公立学校教导过我的老师,希望我能不负众望,有所作为。

或许有些人知道,我正通过全国英语教师委员会主持一个名为"培养有色学者新声音(Cultivating New Voices Among Schollar of Color,简称CNV)"的项目。这是一项为期两年的国家基金项目。该项目将参与的研究人员(如优秀的研究生、助理教授等)与语言、文学、文化、教学、教师教育以及英语学习等方面的导师或经验丰富的学者进行配对。作为项目主持人,我有幸结识了一些非常优秀的学者,在与他们一起工作的过程中,他们颇有见地的见解也提高了我自己工作的专业性和积极性。感谢那些曾经参与过和正在参与CNV项目的人。还要感谢那些将文章发表在《英语教学研究》正刊(2010年11月)上的研究者,我作为客座编辑,与阿内莎·鲍尔(Arnetha Ball)和玛丽亚·弗兰奎斯(María Fránquiz)一同编辑这份刊物。感谢那些在我主编的《城市文化:关于语言、学习和社区的批判性观点》(*Urban Literacy: Critical Perspectives on Language, Learning, and Community*, 2011)中编撰了一些章节的研究者和导师。

我在很多会议和学术讨论会中分享过本书的内容,例如美国教育研究协会、大学写作与交流研讨会、全国英语教师委员会,以及南卡罗来纳大学和俄亥俄州立大学的客座讲座。我对这些交流机会心存感激。

令我万分激动的是,敲完致谢最后一个字之后,我终于可以将一些注意力转移到另一项由福布莱特·海斯奖(Fulbright-Hays Award)支持的在塞拉利昂开展的工作上。我有幸与南卡罗来纳大学哥伦比亚分校的格洛丽亚·鲍特(Gloria Boutte)和苏茜·朗(Susi Long)领导的杰出公立学校教师和教育学者团队合作。感谢你们在我的家乡为本书所做出的贡献!我为能成为这次重要合作的一员感到由衷的高兴。

另外,非常感谢我在俄亥俄州立大学教育学院的那些优秀的博士研究生。在这里,我必须介绍几位:塔玛拉·巴特勒(Tamara Butler),我的学生,也是我的研究助理,她的最新研究成果十分鼓舞人心;德布·佩特龙(Deb Petrone),我的另一个学生,她超然的艺术思维和远见卓识已经超越了我;还有所有参加了阅读小组的研究生,包括克丽丝蒂·布拉格(Christy Bragg)、艾莉森·温霍夫·奥尔森(Allison Wynhoff Olsen)、丽萨·帕特里克(Lisa Patric)、凯特·萨奇(Cate Sacchi)、塔玛拉·巴特勒和德布·佩特龙。她们真是令人惊叹的杰出女性!与我一起工作过并将继续合作的所有其他学生,特别是纽约市哈勒姆社区的高中辅导老师、毕业于师范学院的坎达丝·托马斯(Candace Thomas),你们对年轻人人性化教学工作的付出让我深受启发。

我的策划编辑艾米丽·伦威克(Emily Renwick)帮助我回复了很多封电子邮件,并且在整个出版过程中及时沟通和反馈,如果不感谢如此耐心又优秀的她,那一定是我的失职。感谢师范学院出版社主任卡罗尔·萨尔茨(Carole Saltz)对本书的信任,感谢所有编委会成员、外部评审员以及丛书编辑比尔·艾尔斯(Bill Ayers)和特蕾丝·奎因(Therese Quinn)给我提出的重要建议。

我亲爱的朋友和同事,马塞勒·哈迪克斯(Marcelle Haddix)、玛丽安娜·索托-曼宁(Mariana Souto-Manning)、德特拉·普莱斯-丹尼斯(Detra Price-Dennis)、玛莎·温

(Maisha T. Winn)、约兰达·西利-鲁伊斯(Yolanda Sealy-Ruiz)、贝弗利·莫斯(Beverly Moss)、辛西娅·泰森(Cynthia Tyson)和辛西娅·迪拉德(Cynthia Dillard),感谢你们在我前进的道路上给予的鼓舞,感谢你们始终支持我在学院和社区的所有工作。每个人在其生命中,都需要这样诚心诚意、鼎力扶持、发人深省又敦本务实的朋友。

家人对我的支持也至关重要,因此,我要感谢我的母亲弗吉尼娅(Virginia)和父亲路易斯(Louis),兄弟温德尔(Wendell)和路易斯(Louis),还有我的阿姨、叔叔、表亲、侄女侄子以及其他家人和朋友。感谢你们始终支持我的工作,即使我所做的事情并不总是了然可见。

还有我生命中那个特别而又善良的人,我的丈夫,汤姆(Tom)!说一百万次感谢也永远无法表达我对你坚定不移的耐心和爱的感激。

最后,非常感谢那些决定阅读本书的人,期待你们的评论和问题。与此同时,希望本书所讲述的故事是鼓舞人心、充满希望的,也希望它能与你的工作、思想、教学与学习产生共鸣。我知道自己对本书及书中所呈现的内容负有全部责任,再次感谢你们给予的支持。

绪 论

"女士,你热衷于此":
跨越界限与合作变革

本书围绕纽约市东哈勒姆(East Harlem)社区常年高中(Perennial High School)教与学方面的实例,探讨了教与学过程中的一些关键问题,旨在以此为基础,构建相应的理论体系。书中采用了2006—2007学年收集的丰富资料,包括课堂录音录像、调研、调查问卷、教师研究员实地笔记的摘录、学生对教与学的反馈以及学生应老师要求或自愿完成的一系列写作作品等。本书从教师研究者批判性反思的角度,采用定性研究方法回顾了有色种族教育方面的重要作品(Delpit,1995/1996;Fox,2009;Woodson,1933/2011),强调了在城市课堂中制定批判性、创造性的研究和教学实践方法(Darling-Hammond,2010;Greene,2000)的迫切性。这一过程需要我提供这个特定的城市环境中具体化的教学事实,并解释为什么学生在学习过程中被视为或者应该被视为主动参与者。因此,本书以下列调查问题为主线,在随后的章节中或以明确的提问方式,或以隐含的探问方式展开论述:

1. 在常年高中上英语课的学生如何通过批判性阅读和写作提高他们的文化修养?在提高自身文化修养时,他们依靠个人经历来探索学校内部文化和民主意义的方式有哪些?

2. 学生如何看待教育公平?在课堂上教师和高中生如何通过转换角色找到学生所说的"共同点"?

3. 在与青少年合作的过程中,有哪些教学策略可以帮助他们运用口头或书面的形式来讲述自己关于文化认同、挣扎和疏离感的故事?

4. 民主、权力准则和错误的表达方式如何影响学生的课堂文化参与?

5. 青少年如何利用文本来表达他们在校园生活中缺乏的或被忽略的个人生活?

回答这些问题,需要我们将教与学融入常年高中的环境中,并根植于我与学生的互动中。我一直致力于将英语教育专业的学生在教师培训课程中学到的理论和方法与公立学校中教师和学生的实践更好地联系起来,因此我愉快地接受了与常年高中的学生合作的机会。最初,我进入学校指导亚历山德里娅(Alexandria)和昆顿(Quinton)两名新生,一些老师给他们贴上了"目无法纪"和"不学无术"的标签,虽然不完全认同,但他们承认有时确实会做出这样的行为。换句话说,这些标签并不能完全代表他们的智力水平、学术能力、个人兴趣或对待学习的态度。纵观本书所述亚历山德里娅、昆顿和其他学生的讨论,不难发现他们身上的标签(例如懒惰、对学习不感兴趣、不守规矩等)随着讨论的深入逐渐有所改善,这也坚定了我在常年高中任教的信心。从2006年秋天开始,我每周都与亚历山德里娅和昆顿见面。正如我在第二章所描述的那样,我们的合作极大地丰富了我和学生们在2007年春季英语课上的教学实践、对话和互动。

亚历山德里娅是个居住在哈勒姆社区的非洲裔美国女孩,我在常年高中工作的时候,她正在读9年级。一些教师和学校工作人员经常说她"不像话""吵闹""不守规矩"。然而,在每周两到三次与亚历山德里娅一起工作之后,我发现她对文学阅读有着浓厚的兴趣。从埃德韦吉·丹蒂凯特(Edwidge Danticat)到琼·乔丹(June Jordan),再到托妮·莫里森(Toni Morrison),无论是老师指派的,还是她自己选择的,她总会快速地看完所有图书。即使她的老师都无法保持她那样的阅读速度、激情和兴趣,反而经常将她在课堂上无聊的样子看作不守规矩的行为。在我看来,亚历山德里娅的老师和同伴并不完全了解她,他们既没有对阅读充满热情,也不像亚历山德里娅一样沉浸于文学研究、浪漫主义戏剧和修辞语言的魅力之中。她并不觉得课堂内容对她具有挑战性。毕竟在一节只有48到50分钟的课上,老师要教授25个、30个,甚至更多的学生,他们往往很难兼顾每个学生。此外,亚历山德里娅完成每项任务时都感觉像是在跑一场必胜的马拉松比赛一样,她不喜欢这样被逼迫着去完成一项任务,因此,她转向那些自己更有兴趣做的事,例如阅读街头小说,撰写老师没有布置的书评,或者与那些本该集中注意力学习的学生闲聊。虽然我不想承认,但是她对课程的这种倦怠不仅经常影响其他学生学习,甚至她会与他们发生冲突,而这些行为很可能会导致她被学校劝退。

我的另外一个学生昆顿,是一位非洲裔美国男孩,也是住在哈勒姆社区的9年级学生。和亚历山德里娅一样,他也是我在常年高中工作期间合作的第一批学生之一。据说昆顿在课堂学习时总是难以集中注意力,他也承认自己在课堂上经常感到无聊。原因与亚历山德里娅的相似,他感到自己与那些需要完成但实际上他常常没有完成的普通的、传统的、需要技巧的课堂任务格格不入。他告诉我自己有时候确实很懒散,因为"大多数课程都很蹩脚",但他也意识到为了最终通过考试,必须重视老师和作业。然而,在我与亚历山德里娅和昆顿的小组讨论中,他表现出一种关键的学习能力。他和我们分享了他参与社区活动、阅读的杂志报纸以及成功解决数学问题的故事。了解了这些故事后,我开始思考为什么亚历山德里娅和昆顿无法在课堂上或完成课后任务时集中精力。他们是富有着想象力的批判性思考者、文学学习者,也像我描述的在纽约的另一所高中的其他学生那样,是有着抵抗传统学习和死记硬背的学习方式的灵魂幸存者。

正是由于我对亚历山德里娅和昆顿的不断了解,我毫不犹豫地接受了校长的邀请,担任学校英语课程固定的教师研究员。该课程每周开课5天,从1月持续到6月,有27名处于不同年级、拥有不同优势和短板的学生。虽然讲授这门英语课与我在大学任教的经历并无太多不同之处,但极大地挑战了我与教师教育专业学生的合作方式,以及如何适应一名公立学校教师的身份。这致使我不断对老师们"友好的"无根据的评论进行反驳,比如他们坚持认为一些学生不会完成指定的任务(无论课堂作业还是家庭作业),对这种智力启发的教育方式进行抵制。有位同事坚称:"这里有个学生叫克里斯蒂娜(Christina),她总是给每个人带来麻烦。"(见第五章关于克里斯蒂娜的讨论)另一位同事说:"一定要留意奥雷利亚诺(Aureliano),他连个句子都不会写,还总是在最安静的时候闹腾。"(见第四章关于奥雷利亚诺的讨论)

这样的言论促使我去倾听学生的观点,尤其是在涉及归属感、疏离感、错误传达、个性和学校教育等问题时。我之所以提到这些,是因为它们是我置身于这项工作的基础:首先,我是亚历山德里娅和昆顿在整个学年里学习参与情况的观察者;其次,我是27名抗拒学习、教学、教师和同伴,脱离课堂活动的学生的老师和研究员。那些我在课堂上、校园里观察到的以及经常在走廊上拒绝跟我聊天的学生都是"文学学习者"(Kinloch,2007/2010a),他们对自己的教师("你可以分辨出谁在乎我们,谁不在乎我们")、教学("有些老师……让我们做一些常规作业,这是不公平的")以及非互动学习("任务单、和教学目标""本职工作"和"作业单")的看法是很诚实的。毫无疑问,学生在教与学方面有很多话要说,教师、教师教育工作者、研究人员和其他有兴趣的人是时候听取他们的意见,在课程工作、教学实践和教育政策的制定过程中对他们加以关注了。本书代表了旨在以学生为中心和让他们可以多元化地参与教学活动的一次小小尝试。

以学生为中心

我一想到亚历山德里娅和昆顿,就会很快联想到很多其他年轻人,他们同样参与了不同文化学者主导的研究。据古斯达夫森(Gustavson,2008)说,吉尔(Gil)是个擅长"唱盘主义音乐"的15岁非洲裔美国男孩,他乐于尝试各种新形式和过程;詹姆斯(James)是个非洲裔美国青少年读者,斯特普尔斯(Staples,2008)将其称为文化评论家;凯莎(Keisha)和特洛伊(Troy)是两名非洲裔美国学生,在摩希利和萨布洛(Mahiri & Sablo,1996)的研究中,他们做了大量的校外学习实践工作;EJ是拥有洪都拉斯血统的18岁男孩,瓦苏德万(Vasudevan,2009)将他描述为青少年司法系统监管下的学生,但后来他成为同学中的佼佼者。这些研究人员有意地重点关注那些被边缘化的城市青少年的学习境遇。从他们的研究,可以看出通过影响教学实践、参与和意义构建行为来认识青少年创造性学习兴趣的重要性。

毫无疑问,学者们(Dimitriadis,2001;Gustavson,2008;Mahiri & Sablo,1996;Paris & Kirkland,2011;Staples,2008;Vasudevan,2009;Winn,2011)正致力于研究那些颇具批判精神的年轻人。他们敢于向课堂内外教学与学习的意义提出质疑。从总体看来,这些研究所强调的核心活动可以被看作对扩展学习能力的启示,特别是谈到知识生产与互动式学习的时候。换句话说,这些实践告诫人们,教育工作者(和学校)越来越需要与学生及其同伴和家庭支持系统合作,搭建起青少年在不断变化的、极为复杂的非校园环境中的表现和他们在学校里所谓"国家认可的"学习能力(例如意识形态的、社会的、数字的、空间的)之间的桥梁。

除了上述学术研究,我目前进行的工作大都受到教学和教师教育研究的影响,特别是哈迪克斯(Haddix,2010)、金(Kim,2011)和索托-曼宁(Souto-Manning,2011)的研究。哈迪克斯在一篇描述拉丁美洲人和黑人职前教师双重身份的文章中研究了有色种族教师的话语行为,引起了人们对这些有着不同背景、种族、语言和身份的人的关注。根据哈迪克斯的说法,"重视教师代入教育与学习活动的文化、种族和语言的观点会对教学活动产生多种可能性"(p.119)。我相信各种可能性都会影响教师在公立学校的课堂上与学生合作的方式,例如鼓励学生进行批判性的自我反思,努力实现公平的教学实践和教学结构,采用多元文化框架的教学方式。哈迪克斯始终认为,在教学和教师教育的工作中强调批判性思维会产生多种"可能",这与索托-曼宁(2011)和金(2011)的观点不谋而合。

索托-曼宁在她与幼儿教师共同研究弗赖雷文化圈(Freirean Culture Circles)时,突出了教师教育改革的具体表征处境。通过探讨教师在不同视角下的对话和不同学生在教学中的文化冲突,围绕教师洞察力和认识论信念,她重新定义了教师的职业发展。我认为,这里提到的教师洞察力和认识论信念可以理解为教师在课堂上汇集学生观点和知识的能力和方式。将信仰、见解和观点汇集起来也是金(2011)工作时的主要关注点。基于哈迪克斯(2010)对教师多重身份的关注和索托-曼宁(2011)对教学中文化冲突的考察,金转而开始关注伊利诺伊州芝加哥的高中教师如何围绕流行文化进行教学。在金看来,这样做可以鼓励学生弥合由学校发起的文化活动和个人兴趣之间的分歧,使他们更容易在学业上有所成就。然而,正如金警示的那样,如果教师缺乏"讲授那些你热爱的、能与学生产生共鸣的、对教与学有意义且能带来反思的东西",那么他们所谓的对"认真对待教育变革来说……仅仅加入一点嘻哈文化是远远不够的"(p.174)。

上述学者采用多种方法、理论观点和学习空间拓宽了有色种族青少年的教与学的意义。我试图通过本书就一些高中生文化参与、文化身份、民主、抵抗及其在城市环境中体会到的疏离感梳理出更多与教学有关的问题。因此,我反对传统意义上对有色种族文化素养能力,特别是对非洲裔美国人和拉丁人或拉丁裔青少年的文化素养定位。《跨越界限》代表了我对赋予学生发言权的承诺,这些学生经常在一些有关改善教育和提高学术能力的辩论中被边缘化。而通过寻找如何强调学生写作、互动和个人奋斗的过程,这一承诺得到了实现。

向前迈进

第一章《跨越教学与教师教育的界限》介绍了我与常年高中的学生及当地大学的教师教育工作者共同上课的经历。本章重点介绍来自不同种族、民族和使用不同语言的学生群体(高中毕业生和研究生)在大学课堂中跨越意识和地理界限来讨论课程学习、教学和公平问题的故事。为了描述这门共享课程,本章重点介绍两个情景:由学生尝试定义公平和平等,结果演变为常规的学术工作;让学生们在"共同点"的概念框架下呼吁相互协作的学习环境。本章的主要问题包括：学生对教与学的公平性有何看法？教与学中的"共同点"可能是什么样的，我们如何通过课堂互动来实现这一"共同点"？教师、教师教育工作者和研究人员如何重新定义教学实践和研究过程，并将其与城市里学生的生活经历、观点和个性结合起来？

值得注意的是，虽然第一章的资料是在大学学年末、常年高中高年级学生毕业前不久收集的，但我以本章为开篇是有目的的。《跨越教学与教师教育的界限》中的故事描述了我在常年高中工作期间与学生互动的情况。从早期与亚历山德里娅和昆顿接触到继续与其他高中生交谈，我发现校长维罗尼卡和其他教职工一直很关注这所城市学校的教学质量。和我一起工作过的教师教育工作者也对此表现出同样的关心，比如该如何参与创新型的教学实践，如何鼓励学生保持自己的学习天性，将学生视为读者和作家，把教师视为学习的催化剂。因此，我觉得以"跨越教学与教师教育的界限"这个重要想法作为本书的开端是恰当的，可以从常年高中的具体课程互动中引出贯穿其余各章的相关思路。

第二章《教与学的平等和多样性：常年高中的案例研究》描绘了一幅专注于教与学的平等和多样性主题的社区、学校和课堂环境互相关联的画面。本章描述了东哈勒姆区[或被称为埃尔巴里奥（El Barrio）]的情况：该区曾被叫做意大利哈勒姆，是荷兰殖民者、法国胡格诺派教徒及其他群体中非洲裔美国农民的家园。通过对东哈勒姆区的简要概述，本章向读者介绍了位于社区文化艺术中心的常年高中、英语课程及其指导目标。通过对课程设计、作业安排和与学生对话交流的非线性描述，通过呈现我在实地笔记中记录的情况，强调社区、学校和英语课程的重要性，使文化素养、多样性和教学的讨论复杂化。这些因素对书中讨论的主题，如民主、文化素养和权力准则，产生了重大影响。

第三章《达米亚的民主：教室是文化参与的场所》中提出了几个问题：对那些在城市高中就读的学生来说，民主参与对教与学有什么意义？如何理解民主参与是一种可使学校（学术规范）和社区（当地实践）相统一的方式？为了回答这些问题，本章重点介绍了一些学生是如何抓住机会来实践民主参与的各个方面，而另一些学生如何在课堂学习中理解民主参与的含义、原则和实践。为了证明这些观点，本章重点介绍了达米亚（Damya）的几份文学作品：一篇关于兰斯顿·休斯（Langston Hughes）的诗《疲惫的布鲁斯》（*The Weary Blues*）的文章（Rampersad，1995），一篇针对科佐(Kozol,2005)《国家的耻辱：美国种族隔离教育制度的恢复》(*The Shame of the Nation: The Restoration of Apartheid Schooling in America*)一书论点的回应和写作范文，以及达米亚为建立与调查主题的联系而在她的正式作品中插入的小节，我称之为"第二文本"。从达米亚的作品以及她的同伴对这些作品的回应中，可以同时看到课堂活动中民主参与观点面对的阻力和潜在支持。

第四章《"你管谁叫作家？"：说实话，是罗伯特和奥雷利亚诺》探寻了学生对写作和作家的看法。鉴于美国的深色皮肤种族曾为学习文化而在逆境中奋斗的历史，特别是在实行奴隶制期间和奴隶制刚废除时，许多有色种族学生，包括罗伯特、奥雷利亚诺和一些他们的同伴，公开拒绝被称为作家。本章强调了黑人为学习文化而进行的重要历史性斗争，探讨了在英语课堂上学生如何通过重新配置对其生活经验具有支持意义的课堂和课程作业，以及重新利用那些采用非校园成果与环境所需的作业来打破自己不是作家的信条。为了说明这些观点，本章展示了罗伯特和奥雷利亚诺的部分作品和项目，重点强调他们在抗拒被贴上作家标签的情形下是如何体现自己的作家立场的。

在对学生的文化参与进行批判性的研究时，第五章《为克里斯蒂娜哭泣》提出以下问题：克里斯蒂娜和她的同伴展现了何种文化特征？这些特征是如何掩盖以及如何揭示学术的、个人的和社会的斗争？为了在学校和整个社会中批判"权力文化"(Delpit,1995/1996)，学生们有哪些关于技能、过程和选择的非沉默对话的具体方式？在提出这些问题时，本章重温了德尔皮(Delpit)对"别人家的孩子"和"权力文化"的讨论，以便思考有色种族学生在城市课堂中经历的权力、错误传达和疏离的深层问题。通过这种方式，本章介绍了克里斯蒂娜和她的同伴在学术现实情况和个人斗争中心舞台的两个场景。第一个场景侧重于学生的学习活动，第二个场景描述了学生与学校和同伴之间的互动和关系处理。这些例子通过突出权力问题和疏离形式的方式共同解决了学术和社会在课堂中的冲突。

最后一章《超越课堂教学：图书馆门厅里的文化与社会公正》回顾了前几章的重要论点，目的是将高中英语课程中教与学的对话转移到学生在其他学校认可的空间，主要是在图书馆门厅，发起并参与的批判性接触。本章主要介绍这项工作对我以强调学生自身文化参与自主权的方式在常年高中教授一门课程所受到的限制(界限)，抑或是超出这个界限的广泛影响。在他们的交锋中，在阅读和讨论的课外教材时，以及在他们调查当地社团甚至全国的时事时所表达出来的诠释性态度和批判性倾向中,这种所有权被物化了。图书馆门厅的场景和我简要提及的课程改革尝试促使我对我们这些投身于公立学校教育的人提出如下请求:在教学实践和规范的教学任务中以学生为中心,将他们纳入我们的决策过程。

  总的来说,在涉及城市公立学校有色种族时,所有的章节都体现了对他们教学现状的质疑。这些质疑让我想起我在《我们心目中的哈勒姆:地域、种族和城市青少年的文化素养》(*Halem On Our Minds: Place, Race, and the Literacies of Urban Youth*)最后一章中提出的观点:"我们再也不能忽略身份、文化、社区实践、知识储备、渠道和媒介的重要性,而仅仅依赖传统意义上的文化素养,即读写能力。"(pp.191-192)正如《我们心目中的哈勒姆》一样,本书各章都在强调发现"青少年表明立场、建立新文化传统以及创立可能性教学法"各种方式的必要性(Kinloch,2010a,p.192)。

  希望本书能够通过强调和质疑高中生在特定英语课堂上的参与度、学习活动和抵抗,对上文提到的内容进行一次真诚的实践。我邀请您与本书中的学生一起跨越界限,感受书中各种各样的经历。

第一章

跨越教学与教师教育的界限

2007年4月的一个星期二下午4点30分左右,纽约市当地的一所大学里,清风拂面,阳光明媚。故事就发生在这所大学的一间教室里。教室里摆放着带有T形金属腿的白色长桌和黑色的椅子,铺着硬木地板。往上看,是奶油色的墙壁,安装有墨绿色的黑板。墙壁上有的地方是空白的,有的地方张贴着用浅红色笔标记过的图纸。透过窗户,可以隐约看到成群结队的学生穿梭于学校各个大楼,还能听到充斥在学校周围街道每个角落的公共交通的声音,尖锐的车轮声、汽笛声和警报声不绝于耳。虚掩的教室门是我们进出这个学术集会空间的入口,它可以缓解顶灯散发出的热量,同时,它还是一道屏障,可以隔绝走廊里嗡嗡的电梯声、喋喋不休的谈话声、教室或办公室门偶尔的咣当声等各种嘈杂声音。

正是在这间教室里,我讲授了一门为期15周的课程。与其他文学、英语方法和研究实践的课程不同,这门课聚焦于不同社会政治背景下的英语教学,面向即将毕业的研究生和在纽约市初、高中进行教学实习的学生。他们中的大多数是即将进入教育行业的白人女学生,还有一小部分是在职教师、有色种族学生和白人男学生。这些学生中本地人很少,也不确定他们将来是否真的会在城市学校中从事教学工作。这一点总让我感到非常疑惑:因为该大学坐落在学术氛围浓厚的非洲裔美国人社区、西班牙语居民聚居区、教堂、神学院、文化中心、书店和博物馆附近,他们非常关注学校和社区尤其是城市环境中的学校和社区的社会教育变革,所以无论这些学生上这所大学的原因是什么,他们都应该想成为教师才对。在这个春天的傍晚,他们欣然而又有些不知所措地聚集在一起,探讨英语教学中多样性、差异性和多元文化主义所扮演的角色,以及在这些主题下英语教学中常被固化了的思想。

在整个学期中,我和这些即将进入教育行业的学生对各种议题进行了讨论。这些议题包括教师知识和效能、文化习俗、白人特权、沉默与行动,以及公立学校中多语种或双语种有色种族学生的教育等。这些议题围绕着以下这些具体的问题展开讨论:

在评论关于语言的争论(例如差异、习俗、唯英语运动)时,我们如何理解多样性和差异性?如何将学生的生活环境、种族、民族和文化身份等因素囊括在关于"多种族教学"(参见 Center for Multicultural Education, 2001)的讨论中?对贫困人群、工薪阶层、富裕阶层、白种人、有色种族等阶层,我们如何定义权利?针对这些阶层而实施的区别教育,其结果是怎样的?对多元文化主义的关注如何帮助我们研究有色种族学生和贫困学生学业能力的文化、地域和个人假设?

在众多议题中,这些问题引发了人们对多元文化社会和公立学校教学的讨论,尤其是在根据已有统计资料预测了美国移民人数(Rich, 2000)和学校课堂上有色种族学生数量(Holloway, 1993; National Center for Education Statistics, 1999 – 2000; Pallas, Natriello, & McDill, 1989; Pratt & Rittenhouse, 1998)会迅速增加的情况下,关于这个议题的议论更有甚之。基于这些统计资料,为回答以上述问题,我们需要对教室、社区、课外项目和夏季研讨会中与教学相关的预设、教学实践和意识形态信仰体系进行考察。此外,我们还需要与那些经常被排除在多元文化民主社会教学和教师教育之外的学生(本书里指高中学生)多多进行交流,倾听他们关于文化、社会、社区和意识形态的观点。达林-哈蒙德(Darling-Hammond, 1998)认为:

> 为了民主的幸存和繁荣,那些保持沉默的人需要发出自己的声音,那些被边缘化了的人需要为自己在社会中追求、创造和寻找到无数可能的位置。他们必须在美国实现民主梦想的蓝图中找到自己的梦想。(p.91)

因此,在我们的教学,特别是在教师培养计划中,倾听学生真实的见解、声音和"梦想",可能会促进学生、教师、研究者、管理者和家长之间更深入、更有意义的教育互动。通过这种方式,我们更有可能将这种教育互动扩展到学校和非学校环境中去。

那么,18个即将进入教育行业的学生在大学里研究多样性和英语教学究竟有何意义?为什么这项研究至关重要?我们的课堂活动如何包容并凝聚两组学生——即将毕业的高中生和即将成为教师的研究生——真实的、未经雕琢的和批判性的观点?要回答这些问题,我必须承认这项工作既混乱又复杂,且充满阻力。其中一位高中生这样评论道:"你希望我们用尽全力从这些(教育)困境中走出来,可是又能走向哪里,又能(长时间停顿)依靠谁?还是算了吧,女士。"事实上,我希望2007年上半年在东哈勒姆常年高中每周上5天我的英语课程的那些高中生,能够和我那些教师教育专业的学生一起参与课堂讨论。这27名高中生居住在纽约市的各个地区,其中大部分居住在哈勒姆东部或中部。他们中的绝大多数在今晚之前从未走进过大学的校门,因此出于各种原因,他们向我表达了一些抗拒(例如"我不属于那里""我不够聪明"),并表现出一系列的肢体反应(例如皱起眉头,转动眼球,紧绷肩膀,环抱双臂)。

尽管如此,这些高中学生最终意识到这种教与学经历的重要性:"要认真对待,"谢里夫(Sharif)说,"我们必须让老师知道我们对教与学的看法。"在谢里夫表达了重要的意见之后,达米亚——那个坐在教室前排的学生,翻开课本——科佐(2005)的《国家的耻辱:美国种族隔离教育制度的恢复》,朗诵了很长一段:

我们需要怎样做才能改变这些现实?

我向在洛杉矶弗里蒙特高中(Fremont High School)遇到的老师提出这个问题。"我们的教师应该上街游行。"那位教过我的老师回答说。

在过去的两个小时里,她和我一直在倾听学生们发表的各种意见。她听到米雷娅(Mireya)在表达当她希望参加大学预修课程却不得不转而参加缝纫课程时的失望,又听到福蒂诺(Fortino)立马回答:"你是穷人,所以你必须学缝纫!"多年来,她一直反复听到像米雷娅和福蒂诺这样的对话。而福蒂诺话语中的愤怒即使到现在也挥之不去。(p.215)

达米亚合上书,我们都默默地坐在那里,这种静默的状态持续了大约10秒钟。天没有塌下来,教室的天花板也没掉下来,他们紧绷的躯体(例如紧绷的肩膀等)渐渐放松下来。"我们怎么做……才能改变现实?"达米亚又问了一遍。学生们的声音迅速传来:

"对我们对待别人的方式负责。"

"不仅是我们对待别人的方式,还有我们对待自己的方式。因为如果我们都不爱自己,就不要指望别人能爱我们。"

"不要因为别人生活中的某些东西而憎恶他们。"

"不要听取那些认为我们毫无价值的人的意见。"

"直言不讳。"

这次对话中意想不到的转变引起了其他学生讨论的兴趣。为了保持这种势头,我问道:"还有什么?我们还能改变什么现实?"学生分享道:

"改变学校的条件——现在就做。"

"还有教师看待我们的方式。我们可以分辨出谁在乎我们,谁不在乎我们,因为他们给我们布置不同的作业,因为他们看你的眼神和对待你的方式。我只是在想,如果他们不喜欢学生,那为什么要做老师?"

"改变他们认为我们只会做作业和猜字谜的事实。得了吧,老师们,这只会让我们知道你们对我们的真实看法。"

"我们所说的一切都与学校和学校条件有关。"

"科佐谈到的老师确实说过教师应该上街游行。"

"这是我们(学生)应该做的事情。"(随即引发一片笑声)

"你(瓦莱丽)让我们讨论这些是因为你希望我们去听你的课。是吧,女士——(夸张地拉长'士'的发音)?"

此刻,学生们正在深入讨论科佐著作中的段落,讨论他们想要改变的学术环境和公立学校的现状,以及我对他们参加我的大学课程并与研究生们交流的邀请。虽然我知道出于各种个人和家庭等原因,并非他们中的所有人都能来参加我的大学课程,但他们似乎都明白与即将进入教育行业的研究生交流的经历有可能会带来某些改变。

面对差异的思考方式

那个星期二匆匆地来临,又匆匆离开。还记得那天早上,我赶到高中给那些学生上课并提醒他们下午要到大学去。"填好表格后需要你们父母签名。"我说。一名学生回应道:"我已经18岁了,你得到我的同意就可以了。"然后,其他学生问道:"(大学里)有安全检查什么的吗?""我们可以直接走进去吗?""我们会被盘问吗?我只是问问。""你的教室在哪里?"然后,那个充满了疑惑和问题的清晨似乎瞬间就变成那个聚集了即将进入教育行业的学生,几个博士生,一个高中西班牙语教师,以及那些在下午4:50一窝蜂闯入房间的8到10个高中学生的夜晚。这种"闯入"是一种跨越有形和无形界限的初步尝试,鼓励青少年和成年人参与关于城市公立学校教与学的讨论。在此之前,我曾让两组学生在不同场合思考本章的基本问题(在此重述):我们为何让职前教师和有着不同种族文化背景的高中学生一起参与有关教与学的批判性讨论?可以开展哪些具体课程?在思考这些问题时,我借鉴了格林(Greene, 2000)关于"热心的教师"和"年轻的学习者"的观点。她说:

> 那些热心的教师确实出现了,并且一再出现:他们鼓励学习者提出自己的问题,自主学习,保持自己的节奏行事,以及定义他们眼中的世界。年轻的

学习者应该受到关注,这一点大家已经意识到了;我们必须了解他们的想法;他们必须质疑为什么。(p.11)

根据格林(2000)提出的年轻人"必须质疑为什么"的观点,本章的其余部分展现了两个场景,描述了高中生和职前教师如何尝试解决关于为何以及如何讨论多样化学生群体教与学的问题。鼓励他们跨越界限(例如意识形态的、地理的、种族的界限)去评判有关白人教师、有色种族学生、城市学校以及那些交换了角色的教师、学生和终身学习者的刻板印象。第一个场景展现了学生如何考量公平和平等的意义,这很快就引发了学生对日常学业表现的讨论以及对师生之间互动式学习的需求。第二个场景以一个由职前教师露丝(Ruth)提出的关于师生合作、对学习负责和创建支持性课堂环境的问题为开端。这个问题引出了那个名叫谢里夫的高中生对如何展示学生和老师朝着"共同点"努力时所能产生的学术成果的理解。

通过这些场景,对多元文化社会中城市教与学和教师再探索的启示逐渐显现出来。其中一些启示表明,在与职前教师(大部分,不仅限于白人)讨论教与学的过程中,以高中生(在本书中指城市中语言多样化的不同种族的学生)的声音和观点为中心是一项长久的需求。在余下的章节中,我将深入探讨这些启示。

场景一: 学生互动

我在黑板上写下两个词,然后开始上课:

公平(EQUITY)
平等(EQUALITY)

在这两个词的下面,我潦草地写下"教育学"一词。我希望能够通过职前教师和即将毕业的高中英语课学生在教室中的每次课程,帮助这两组学生建立起联系,因此邀请他们利用先前的知识储备、生活经历和课本来思考这些词语。几秒钟后,一位坐在教室前排的非洲裔美国高中生伊薇特(Yvette,不是我在常年高中班级里的学生)转过身来看着黑板评论道:"不平等就意味着不公平、不平均、不足够,而通过不平等我们就知道平等意味着什么!"注意到其他人点头同意并回避公平这个词,伊薇特目不转睛地盯着我,她的眼神告诉我,我应该继续课程,找其他学生发言。"有谁可以定义一下公平吗?"我问道。接下来是一段极为漫长的沉默,这段沉默显然比他们预想的时间要长,通过他们的面部表情、低垂的脑袋和不停翻动纸张的动作表现出来。我继续说道:

"听说学校正在推行'教育公平运动',是吗?谁能告诉我这意味着什么?"

在过去的6到7年里,这所本地大学,也就是在这个春天的每个傍晚,两组不同种族、不同经济状况的学生群体跨越了界限去讨论对城市教与学、教师和学生的看法的地方,提高了对教育公平问题的关注。值得称道的是,长久以来这所大学一直致力于推动"公平和卓越的教育……(以及)推广和强化旨在提高全民教育质量的国民运动"(来源:大学网站,访问于2007年4月和2009年2月)。诚然,对公平教育中公平和实践的解读(参见Darling-Hammond,2010;Rothstein,Jacobsen,& Wilder,2008),对职前教师和高中学生来说,并不易转化到现实中去。这从他们不愿在当地或全国范围内公开解读公平的含义可以得到佐证。

根据班克斯和班克斯(Banks & Banks,1995)的观点,公平教育指"一种教学策略和课堂环境,它可以帮助来自不同种族、民族和文化群体的学生获取有效运作、创造和延续一个公正、人道和民主的社会所需的知识、技能和态度"(p.152)。这种公平教育的概念也涉及教授学生以及教师如何践行对权力结构、"假设、范式和霸权特征"(p.152)的批判。通过对阻碍教育公平的一系列制度、政策、大众言论等的公开批判,影响教育政策批判性的、严谨的、多元的教学活动的兴起成为可能。在鲍尔(Ball,2003/2006)看来,对不公平现象的关注,一方面,可以引起对教师效能更深入、更有意义的探讨,另一方面,可以更好地教授种族和语言多样化的学生。基于鲍尔的主张,我相信,关注教育的不公平问题可以促进教育工作者和科研人员更好地解释不同学生的生活模式,通过了解、比较这些学生与本土学生的生活模式(如家庭、社会关系、社交能力等),而不是比较那些国际热点问题,如学生的国际化、移民化、语言审查或有色人种的选举权问题。

是的,我理解班克斯和班克斯(Banks & Banks,1995)对教育公平的定义,我甚至理解鲍尔(2006)对不公平现象的抗议和不满,以便就效率和多样性进行更具影响力的对话。虽然许多这样的学者和相关的学术研究已经提醒我,但在面对学生们低垂的脑袋和课堂上极度的沉默时,我仍感到沮丧。毫无疑问,我的学生既是读者、作家,又是思想家,尤其是那些诚实地批判他们所生活的世界、批判让不平等和不公平得以滋生的主导权力结构的高中毕业生。在东哈勒姆常年高中的课堂上相聚的每一天,我们都在讨论在校园、当地社区、整个城市甚至更广阔的地方中滋生的各种丑陋的不平等和不公平现象。然而,即使他们在如何定义这些词汇时犹豫不决,他们超高的阅读、写作、思考和质疑能力也并非一定要与公平教育的基本目标保持一致。也就是说,至少在最初阶段,他们不愿意作为在这种课堂环境中的社会变革推动者,公开展示他们质疑不公平的含义的批判能力。正如我在之后的章节详细解释的那样,这种不情愿会影响他们参与更广泛意义上的民主。

通过对学生个人和学生小组的观察以及后来与他们的交流,我认为他们对廓清公平的意义的犹豫不决主要出于两个原因。第一个原因是害怕"秋后算账",他们对在一个大群体中跨种族、跨经济区、跨地域地谈论公平(随之而来的还有不公平)有一种天然的畏惧。一个可能的理由是:那些职前教师大部分是在学校"表现良好"的白人学生,现在他们就读于这所在本地颇有名望的大学,所以无论公平与否,他们都被视为在物质和教育上享有特权。对他们中的许多人来说,自从来到这个有着巨大的多样性却又存在经济隔离的大城市,他们经常会遇到比交到种族或宗教多样化的朋友和在大学中学习多元文化课本更具有多样性和差异性的事情。这与高中生的情况形成鲜明对比。

他们保持沉默的第二个原因可能是他们抗拒就一些主题表达自己的情感,一些在强调教师和学生的主观能动性的课堂环境中很少被讨论到的主题。一个可能的原因是:对一些高中生来说,这种教师和学生的角色互换是他们面临的一项艰巨的挑战。他们拒绝我所提出的邀请:共同创建课堂作业,商讨课程设计的各个方面,偶尔主导课堂讨论。许多人认为,作为学生,他们必须彻底抵制这类邀请。这不仅是我在常年高中时面临的挑战,在和那些职前教师一起工作时,我也面临着同样的挑战:如何让他们在他人面前树立和坚持自己的认知。在我看来,这一挑战凸显了我们在这个领域沿用了一个多么传统而天真的方式,来让学生参与到与教学、学习、归属感和文化认同直接或间接相关的批判中去。于是我们选择保持沉默,而不是讨论、倾听和积极促进关于差异的讨论。

为认真对待班克斯和班克斯(1995)的坚持,即我们不会忽视从参与公平教育所获取的批判的经验——评判那些关于学生、教师和学习的刻板印象,推翻不公平的教育结构,我要求学生在下一节课中提供关于公平(不公平)和平等(不平等)的具体案例。"需要提供定义、概念和例子,"我说道,"因为当我们探索人们对某些他们认为'处于失败边缘的、准备不足的、需要发展或特殊帮助的学生'的刻板印象时,这两个词是我们讨论的核心。在这个标签列表的底部出现了'城市'这个词。这是为什么?"

通过要求学生思考公平(不公平)和平等(不平等)的意义,我希望能够激发高中生和职前教师去质疑他们对彼此、对学校、对城市教与学和城市教育长期以来的看法。

玛丽安娜(Mariana),一名坐在教室后排的拉丁裔高中生,想谈谈教师接受培训以及他们与学生互动的方式。对她来说,这与平等和公平的议题密不可分。她评论道:"我不知道这是否正确……但我们谈论这个问题的一种方法可能是考虑教师在完成教师培训后所习得的技能。"坐在她旁边的非洲裔美国学生索菲(Sophie)低声说道:"或者是那些他们**没有习得**(发言者语气强调)的技能。"玛丽安娜赞同地点点头,解释道:"他们(教师们)需要了解城市学校究竟是什么样的,不要再以为我们不懂得如何学习,那是因为他们教授的不够多。"在这种情况下,玛丽安娜所说的"不够多"与班克斯和班克斯(1995)的论点表达了同样的含义,即当我们参与公平的教育时,就会评判我们对其他人的刻板印象,这可能最终会加速不公平的教育实践、教学法和制度结构的消亡。在某些方面,这个观点与李(Lee,2007)的论点如出一辙,李认为我们采用多维度的学习方式可以促进学生和教师之间的教育合作,提高他们的文化素养和学业成就。这种基于李的文化建模理念以及她重视学习科学学科的教育合作,可以促使学生们参与到多维度的学习中去(例如社交、情感和认知等),从而去批判在多样化的学生教育中教师所扮演的角色、知识水平以及提出问题的能力。

以高中生玛丽安娜、索菲与有色种族职前教师伊曼尼(Imani)之间的交流为例:

玛丽安娜:我之所以如此严肃地讨论这个话题,是因为有些老师只是把讲授我们教科书中的内容作为他们的工作,不会和你(学生)一起做事。他们不与你互动,你也什么都学不到。但是,如果你有一位优秀的教师,他愿意与你互动,可以让课程充满乐趣,知道你来自哪里,了解你所面临的问题,那么一切都会变得更加轻松,学生们在学校就会学到更多的知识,也更希望来学校学习。这就是我看待这个问题的角度。

伊曼尼:请定义一下,什么样的老师是优秀的老师,而什么样的老师不是。

玛丽安娜:我的意思是,如果你去上课,你必须在9点15分到达教室,紧接着看到他们写在黑板上立即要做的事和需要实现的目标,而你必须独立完成这些立即要做的事。并且……然后他们给你一些阅读任务,完成阅读任务之后,你必须回答问题。回答完问题,你必须做作业。做完作业后,你又必须写论文。我想,一位优秀的老师会让这些事情更具有互动性,并且会根据学生的现实生活情况让他们完成相应的任务。我认为这样的老师就是好老师。

索菲:但你还是得继续做这些工作。

玛丽安娜:没错。你会从各个角度学习,有更多的收获。

玛丽安娜关于学生如何按部就班地完成教师指定的学业任务的陈述——"立即要做的事""完成阅读任务之后,你必须回答问题"和"做完作业后,你又必须写论文",让我想到弗赖雷(Freire,1970/1997)提出的"储蓄式教育"的概念。"储蓄式教育"就是"教师发布公告并投入(知识)储蓄,学生必须耐着性子接受、记忆和重复这些储蓄"(p.53),而不是通过"明确和公开地解决问题"来优化学习(Lee,2007,p.57)。在这里,经历了无数"储蓄式教育"的课堂后,玛丽安娜和她的高中同学表达出对这种教育方式的抗拒。她的驳斥与她对"老师会让这些事情更具有互动性,并且会根据学生的现实生活情况让他们完成相应的任务"这种互动式教学方法的呼吁是相辅相成的。

考虑到公平和平等对城市高中和社区学生的意义,玛丽安娜重申了弗赖雷(1970/1997)提出的基本观点:"知识只能通过创造和再创造,通过人类在世界中、和这个世界一起以及和彼此一起所追寻的不安的、不耐烦的、持续的和充满希望的探究而出现。"(p.53)鉴于我们都生活在快速变化的多元文化世界中,玛丽安娜对学校机构,特别是对教学的解读,对写作批判性文章来说很重要,因为她明确清晰地指出:"有些老师不了解也真的不在乎我们。然后他们让我们做一些常规作业,但这是不公平的。"这些情绪呼应了我的其他高中学生提出的关于科佐(2005)问题的建议:"我们需要做些什么才能改变这些现实?"(p.215)我想起一个学生对这个问题的回答:"教师看待我们的方式。通过教师布置给我们的作业,你可以分辨出谁在乎我们,谁不在乎我们,以及他们究竟如何看待和对待我们。"

伊薇特重新加入讨论,说道:"这是不公平的。让我们做一些并不重要的事情,不要因为我们是少数种族就歧视我们。这算是——(停顿)不公平吗?"即将进入教育行业的白人苏茜轻声说:"这是典型的不公平现象。教师因为他们是少数民族而不公平地对待,而因为其他人是白人就公平地对待他们。"伊薇特回答说:"不平等、不平均、不公平,我们认为是很严重的词汇,根据种族不同进行区别对待,就像现在正在发生的一样。真有趣。"她承认这些词"很严重",特别是针对"不同种族",这表明了渗透到不同群体的课堂交流和社会互动中的巨大阻力。

换句话说,就美国现今的公共教育而言,教师、行政人员、学生和研究人员往往不会质疑与地方、国家和国际特征相关的,与种族、阶级、性别和经济斗争相关的,甚至与那些特别代表了白人和盎格鲁-撒克逊新教徒观点的世界文学相关的基本问题。或者,就像我的高中学生戏称的那样,"他们那些'死去的白人'"。不参与讨论教与学中的这些问题,就是不参与公平教育,所表现出的沉默同那些学生在被要求定义公平和平等时所表现出的那种沉默一样。但是,参与讨论这些问题有可能会对那些在为教、学和知识辩论的人——包括教师和学生,无论是否具有种族和语言多样化的观点赋以特权(Ball,2006;Lee,2007)。这可以鼓励我们认真对待弗赖雷(1970/1997)对"储蓄式教育"的抵制,审慎思考玛丽安娜对我们承诺实现公平教育的制度体系中教师培训和互动式教学方法的感受。显然,在这个领域我们的探索尚未完成。

场景二: 学习角色转换,让学生成为老师

露丝是一位白人女性职前教师,她在整个共享课程期间注意力都非常集中。她做着笔记,偶尔换一下坐姿,笔在她的指间轻轻转动,眉头轻皱,仿佛在思考问题和构思建议。很显然,如果不是因为我们之间无意识的偶尔类似于"我并非要看你"的对视,她就要追赶不上思维运转的速度了。大约在课程进行到一半的时候,她举手说道:"我只是在想,如果不是每个与我们一起上课的学生都拥有稳定的资源或其他东西,比如家庭资源,那是不是(教学)全部是老师的责任,还是说我们可以互相帮助?"学生们激烈地讨论声大概就是对她提出的校内外资源和责任问题最真实的回答吧。停顿了一会儿后,露丝继续说道:"但是这该如何实现呢?你如何帮助我和我的同学?我又如何促使同学之间互相帮助?你现在所教授的这门课程会讲这些内容吗?你能告诉我它是什么样的吗?"

非洲裔美国高中生谢里夫静静地坐在教室门口旁的一个角落里,准备发言。在他的学术交流及其与高中教师、行政人员和同学之间的日常对话中体现出一种批判性的、自我反思的态度。谢里夫认为自己的论点"非常简单",他阐述道:"你的所有学生都要达成共识,你懂的。就像之前有人说的那样,如果孩子们有发言权的话,那就是一种校园中的民主。你不能只是强制执行规则,还期望每个人都对此感到愉悦。"坐在他旁边的来自常年高中的非洲裔美国女孩达米亚表示赞同:"没错,我同意。"然后达米亚鼓励谢里夫:"我知道你还有很多要说的,那就跟我们分享分享吧。"谢里夫环顾了

教室一圈,然后视线停留在天花板的方向。准备好与我们分享他的具体的建议后,他又直视前方说道:

> 你知道,老师应该尝试与孩子们交流,了解他们的想法,让每个人都建立起一个明确的共识。那才是成功的教育。然后,每个人都有责任维护好这种良好的成功教育氛围。你的学生可能没有什么家庭背景(家庭资源),但他们仍然愿意来到学校谈论并承担自己的责任。那就是成功。

达米亚轻声插话道:"至少可以开启成功之门。"

对谢里夫来说,教师和学生在互动中相互接触、理解和制定"共识"原则的方式是衡量成功的标准。特别是在听了其他人对露丝提出的问题以及对自己的回答所做出的回应后,谢里夫建议建立起可以帮助我们更好地在课堂上实现公平教育的"共识"(例如"谈论"和"承担"责任)。用他的话来说,"谈论像公平和平等之类的话题需要跨出巨大的一步。不要迫使这样的对话突然出现……像要求至少每周一次或什么的……比如说'你们如何看待生活?''世界上发生了什么?你对此有什么感觉?'或者'生活待你如何?'了解学生对事物的看法,诸如可能会涉及公平和平等这样的话题,谈论时可能会有风险"。

费考(Fecho,2004)在关于高中课堂里的文化、种族和语言的研究中谈到了这种风险。他写道:"我们这些在日常课堂上参与教学的人其实都没有看到提出质疑和像人类学家所做的那样同质异化教育空间的必要性。"(p.156)为了实现同质异化,费考进一步讨论了涉及学生、同伴和课本的事情,以期拓展教学、教师和学习者的愿景(参见Camangian,2010;Haddix,2010;Kinloch,2011;Martinez,2010;Souto-Manning,2010)。谢里夫坚信,教师和学生最终会在课堂上共同承担风险。他提出一些具体的问题,供教师用来激发学生对世界和自身的理解(例如"世界上发生了什么?你对此有什么感觉?")。这些问题可能会引起师生之间关于公平和平等批判性的、及时的讨论("可能会涉及公平和平等这样的话题,谈论时可能会有风险。")。谢里夫不仅回应了露丝关于资源和责任的问题,还基于师生之间试图互动的过程中可能会出现的关于"公平"和"平等"的话题对她的问题加以扩充。

关于露丝提出的问题"你能告诉我它是什么样的吗?",谢里夫鼓励大家思考这些问题(例如"你们如何看待生活?""生活待你如何?"),如何与课堂内外的学习建立连结,以及学习如何让灵感连续不断的。按照谢里夫的说法,教师应该"了解每个人的观点。然后随着时间的推移……人们就会说:'对,我记得你上周说过这个。'然后你就可以滋生出或感受到某种人与人之间的感觉,就像你完全融入了那些学习的时光。"

融入那些时光并建立起"共识"会促进学生与教师之间的民主参与(Kinloch,2005)。我认为,这种民主参与的基础是人们在多个互动空间中将教育作为一种社会过程所进行的批判性对话、相互交流和互惠学习。我们——职前教师、高中生和我——通过交流关于教与学观点的方式来进行民主参与(见第三章)。例如,当露丝提出问题时,学生激烈地讨论起来:"你必须问问学生的想法。""好吧,老师们想在我们不了解他们的情况下了解我们(学生)的所有事情。""如果孩子们有发言权的话,那就是一种校园民主。"职前教师带着这样的情绪:"我如何让你更了解我?你想了解些什么?""如果学校是民主的,你怎么确定我们所有人都参与其中呢?""你可以与一位白人老师谈论公平和平等吗?"针对最后一个问题,另一名白人职前教师说道:"这就是我在思考的问题。我致力于这项工作,但是……"他的话迅速地被很多声音打断:"你应该试一试。""老师们总是把学生排除在外。换位思考,看看会发生什么。"

这些激烈的讨论声,激发我们去想象在日常活动、课堂对话以及在学校甚至更大的世界里的合作接触中实现公平教育的具体可能性。这些设想有多种形式:利用一个人的权力地位(例如教师、行政人员、教授、导师)来倡导优质的教育资源和教育空间,布置可以赋予当地无名英雄的生存和发声特权的课程作业(参见 Kinloch,2010a),反对暴力和欺凌,倡议社会正义,投票,以及写信给民选官员。

教师学习如何帮助学生,学生学习如何帮助他们的同伴,教师在课堂中腾出时间和学生们讨论他们生活的世界,而这些话题都渗透着对文化素养、多元化及师生互动的探讨。我让职前教师学生向高中学生解释一下莫尔和冈萨雷斯(Moll & Gonzalez,2001)的《知识基金》(*Funds of knowledge*)的基本理论框架,另一位白人职前教师莎拉(Sarah)和露丝提出了一个综合的回应:"学生有其自身来自家庭和社区的知识……我们应该积极地在课堂知识中引入和利用学生的这些课外知识。这与谢里夫所说的关于建立互相帮助和共同学习的方式是一致的。"谢里夫、玛丽安娜、索菲和达米亚都点头表示同意。接下来,我又让高中学生向职前教师学生解释人种学意味着什么。

与来自常年高中的非洲裔美国学生拉简(Rajon)的目光接触之后,我让他来"试着解释一下人种学"。他欲言又止,继而说道:"就像研究某个群体的人一样,人种学更像是在研究那段特定时间的文化。"谢里夫插话道:"我们在课堂上了解这些是因为我们在谈论那些人,你知道的,比如校园外的人如何能够学习他们从来没有学过而且也不会有机会学到的东西。他们可以学到很多重要的学问。"他总结说:"这与我们大多数人所生活的地方(哈勒姆)以及我们认为对社区不公平的事情有关。"白人职前教师马蒂(Marti)分享道:"促使你们讨论不平等、不公平、种族主义和歧视行为的东西源于学生们的对话和评论。然后,将这些与你(指着我)之前所说的关于公平教育和参与的事情联系起来。"马蒂的观点让谢里夫恍然大悟:"哦,我明白了。那么,所有问题都回到了……叫什么来着? 对,是民主。"伊薇特重新加入讨论,说道:"是参与。"然后像连锁效应似的,我听到很多人低声说"民主参与"。

正如谢里夫在课堂讨论中所阐述的那样,学生们慢慢接受了关于民主参与的讨论。他们似乎着迷于其激励学生和教师就世界进行对话的潜在力量,而这可能会引起关于公平和平等、权力和正义的讨论。然而,职前教师似乎更关心的是,以"共识"以及公平和平等为基础的这种对话如何转化为不限于五段式结构的书面作业。我解释说,并非所有事情都必须巧妙地转换成书面作业或课堂展示,比如坦诚地讨论(不)公平、(不)平等和种族主义的过程本身就很重要。来自常年高中的非洲裔美国学生帕特里夏(Patricia)支持我的观点:"对,为什么老师总让我们(学生)做同样的书面写作作业? 在英语课上,她(瓦莱丽)给我们布置了不同的作业,比如视频、图书……甚至是(认真思考一下,你如何看待奥雷利亚诺用他的吉他所做的事情)报告、表演。"(见第四章)

职前教师仍然需要具体的实践和教学理念,因此,我简述了我的高中学生正在做的工作。达米亚分享了自己创作的一首广为流传的口语诗,然后解释说,在美国做一个能够反映真实生活的有色种族的一员与批评种族主义的行为一样意义重大。拉简也开始在背包里翻找自己的作品,却发现没有随身带来,他说:"我不是诗人,不是作家,什么都不是,但我一直在认真地审视我自己……你们知道吗,我选择写作,不只是去抨击这个世界对我以及对和我一样的人有多不公平。可惜现在手边没有我的作品。"最后,我瞥了一眼谢里夫,他也回头看了我一眼并说道:"嗯,我感觉我明白了点什么。基本上,嗯,最近,我们有一个课堂作业,我只是像三个歌手或诗人一样学习,我在写我的一些感受……我做这个作业是很久之前的事了,所以现在没法很好地解释它。"

谢里夫所提到的课堂作业名为"说唱歌手作家，诗人音乐家"，要求学生要么选择一些音乐家，要么选择一系列歌曲来仔细研究、批评，并创作一个互动性的作品（包括表演、学生创作的纪录片和多流派项目的书面作品）。学生们在选择时要尽可能多地了解有关音乐家的生活、音乐选集、音乐家所使用的或者这首歌所代表的写作模式和过程等信息。他们为受到那些音乐家或歌曲的主题影响的电影、视频、小说、散文和或纪录片创建了一个注释列表。作业的重点在于让学生感受跳出传统五段式文章的思维去写一篇预设主题的文章。我希望他们明白，他们在任何时间、任何地点都可以写作——可以在教室里、地铁上、广告牌旁、电视前，在流行文化中，甚至在我们用不同的方式与他人交流思想时写作。

　　面对那些职前教师和其他聚集在教室里的同学，谢里夫谈到他决定写一篇有关嘻哈文化的传统论文，这篇文章将围绕三位著名艺术家——朱尔斯·桑塔纳（Juelz Santana）、纳斯（Nas）和杰斯（Jay-Z）——展开。在这篇文章中，他精心创作了五首原创诗歌，这些诗歌的主题源自他对说唱歌词细致的阅读，对艺术家的生活认真的考察，以及他对口头文化的力量和非洲裔美国流行音乐表演的研究。在介绍了自己的文章和诗歌之后，谢里夫简述了他对这些作品的理解以及在创作（随后向班级展示了）他的多流派项目时所做的写作选择。谢里夫说："我写下的这些论文和诗歌，主题基本上是关于我自己的生活，关于人们对生活中各种苦难的感受和它们之间的联系……"在分享这些诗歌之前，他讲述了其中三首原创诗歌的意义，这三首诗歌是《记得》《质疑》和《因此》。以下是谢里夫的诗《记得》的摘录：

> 记得那些只需咿呀学语的日子
>
> 记得泰格和斯凯利的故事
>
> 记得上学第一天你穿着斐乐和拉盖尔牌的衣服
>
> 记得不小心洒出来的25美分一杯的果汁
>
> 记得清理路由器盒子
>
> 啊，那些美好的日子
>
> 你是否还记得让你感到富有的第一张票子
>
> 记得那时买一台小电视只为了看到图像
>
> 记得电子宠物和悠悠球
>
> 记得那时你的宠物把电子宠物弄死

悠悠球也成了历史

嗯,那依然是美好的日子

记得那些抓神奇宝贝的日子

记得那部让家人更爱你的电视节目《一步一步来》

记得那些让你更爱家人的《成长的烦恼》

记得让你为之欣喜若狂的第一个亲吻

记得那你觉得无可匹敌的时光吧……

铭记吧,孩子

在回答了与他的写作有关的问题之后,谢里夫谈到了铭记过去——无论是快乐的还是痛苦的,对我们清楚自己现在所处的位置以及未来我们想要成为的样子的重要性——"铭记吧。"就校园中的教学和解决公平和平等等议题而言,谢里夫和他的同学认为,教师应该在课堂上腾出时间让学生尝试分享其作品、观点和经历。他尝试以一种"解释性的态度"(参见 Nino,1996)来创作和展现他的多层次作品,特别是诗作《记得》。支持这样的交流会形成玛丽安娜所描述的互动学习形式,可产生关于这个世界("那依然是美好的日子")的极富创造力的批判性作品和读书会,并且可以鼓励其他人将学生视为可以"提出自己的问题""自学"和"定义他们的世界"的学习者(Greene,2000,p.11)。这些事情会伴随着教师们努力寻找实施班克斯和班克斯(1995)所说的公平教育方面的具体方法时发生。此外,这些事情有可能在不同背景下,在学生和教师作为学生的情况中孕育出民主参与和批判探究的契机。

开端:跨越界限,源自社会变革的经验

毫无疑问,教师培训项目迫切需要辩证地关注未来的教师和与他们一起工作的学生对公平、平等和差异进行概念界定。在本章中,我展示了白人职前教师和有色种族高中生进行的两次简短交流,探讨了如何帮助我们质疑人们对城市青少年及其学术能力、信仰和行为的刻板印象。我相信,这样的质疑可以带领我们找到与城市学生协作的有效方法,而不是让他们保持沉默,或要求他们放弃自己批判的声音、创造性的选择和现实生活。这样的质疑还可以鼓励教师与学生一起尝试实现"语言、文化素养和教学方法的跨学科理解"(Cochran-Smith & Lytle,1999,p.16)的广义教与学。

就后者而言,教育研究者科克伦-史密斯和莱特尔(Cochran-Smith & Lytle,1999)认为,教师不是被动的、机械的知识传播者,而应该是积极的学者和研究者,大多数教师都应该为"社会行动和社会变革"做出贡献(p.15)。虽然他们的观点并非以多元文化和公平框架为基础(参见 Banks,1996;National Association for Multicultural Education,2003),但科克伦-史密斯和莱特尔13年前的观点让我想到了谢里夫对"共识"的渴求。致力于在差异和多样性方面达成共识对教师和学生来说意味着什么呢?就教育学、实践、教育政治和政策而言,这种共识对教学又意味着什么,或者会引起什么样的变革? 也许正如斯利特(Sleeter,2005)所说的,这是否可能会鼓励越来越多的教师去思考如何根据教育标准的限制严格地讲授那些植根于多元文化教育和社会公正的课程?

或者,如蒂尔和奥比达(Teel & Obidah,2008)让我们相信的那样,这是否可能意味着承认种族、身份和文化对教学以及有色种族学生学业成就的影响对教师提升自身文化能力至关重要? 或者说,将这些方法(Sleeter,2005;Teel & Obidah,2008)和其他方法(Ball & Tyson,2011;Ladson-Billings,1995;Lee,2007)相结合,通过能帮助我们探索公平和平等的意义并将师生都视为积极的学习者的多元框架(如公平教育、文化建模、文化相关教育学),我们是否可以将谢里夫提出的"共识"上升为一种理论? 只有当我们——教师、教师教育工作者、研究人员和管理者——学会开诚布公地倾听并与学生交流他们在多元文化世界中对教师以及教与学的看法时,我才能洪亮地回答一声"是的"。

回想一下玛丽安娜对师生互动式学习场景的呼吁,这种互动式学习很重要,它是协作、民主的参与形式和互惠式学习交流的基础。她的呼吁表明,对在努力实现公平教育(Lee,2007)时进行过常规和非常规交流(Banks & Banks,1995)的教育合作者——教师和学生——进行额外研究是非常迫切的。显然,正如斯利特(2005)所说的,许多教师的工作受到教学标准的约束,但我们仍然可以推广我们的教学实践和方法。通过鼓励跨群体(例如职前和在职教师、公立学校学生、家长、研究人员、社区成员、教育政策制定者等)的批判性参与,我们可以"对教育空间提出疑问"(Fecho,2004,p.156),考虑学生的学术互动,并建议在这个多元文化社会中扩展师生对学习能力的定义。与此同时,我们可以开拓出教师和学生作为"研究者"(Berthoff,1987)的新视野,而不是把他们当作技术人员、知识传播者和被动接收者。如果说曾经存在过学生们温顺乖巧的日子,那么这些时光将一去不复返。在这个领域中,我们基于教学实践、研究议程、意识形态和认识立场的措施,总体上来说对教育研究,特别是对学习能力和教师教育中的多样性和社会正义的研究产生了重要影响。

我将在本书的其余章节概述教学实践中的有关内容:创造新的学习方法以及一个反对不公平的教育实践和制度结构的新自我,将提倡储蓄式教育的学校重建为提倡质疑、交流和实验的场所,在公平教育、多元文化和社会变革的理论框架中重新定义教与学。这些内容可能与学校、地方、国家和国际社区环境背景下的学习有关。特别是当我考虑这些可能的影响时,总是仿佛回到了2007年春天我的职前教师学生和高中学生面对面交流的那个晚上。虽然我们从未就公平和平等的意义达成一个正式而统一的答案,但我们确实超越了一堂分享课的时间和空间试图去寻求公平和平等的定义。

通过学生批判性反思的过程,以多元文化教育体制下的阅读活动为支撑,我们——职前教师、高中生和我——开始清晰地表达关于城市教与学的一些新兴思想和不断变化的观点。职前教师和我分享了在与高中生会面后所出现的问题。反过来,我又与常年高中的学生分享了这些问题,观察他们谈论"我们在(大学)的时候"以及"我们那晚参与了教与学,每个人都很勇敢"(玛丽安娜)时的反应。后续问题包括:教师如何教导学生,如何与学生讨论怎样对他们的学习负责?对那些不愿分享种族或民族背景的教师,学生应该如何回应?你希望你的老师如何去了解你?他们是否看到了你希望他们看到的一切,了解了你希望他们了解的全部?如果没有,你的老师是否可以做些什么来更好地了解你?(完整的问题清单请参阅附录B)。

思考这些与公平、平等、多样性和文化素养教育密切相关的研究问题,表明了参与致力于消除不公平的行为、超越教师和学生固有角色的教育运动的需求。只有这样,我们才能理解格林(2000)说的"青少年学习者必须受到关注……必须了解他们的所思所想,他们必须敢于提出质疑"(p.11)的延伸意义。对那些像我们一样评判不平等和不公平,像我们一样质疑"为什么"或"为什么不",愿意去跨越界限的师生来说,这是非常重要的。跨越界限对我们如何重新思考"教师"从一个经历过培训的专家转变为课堂学习的参与者具有革命性意义。例如,职前教师和高中生有时会在不知不觉中进入或跳出他们被指定的角色,尝试拓宽教学和教师的意义以及学生和教师在知识产出、知识代理和知识权力方面的意义。在那个春天的傍晚,我们跨越界限,了解彼此,为"正义教学"赋予意义。这种行为对与无数青少年学术生涯相关的教师教育和教师研究有着重要的影响。

虽然我所倡导的教育研究和实践方式可能纷繁复杂,且存在矛盾和分歧,却可以让教师(职前教师和在职教师,新教师和资深教师)与学生的声音、观点和批判性见解更容易被接受。毫无疑问,现今迫切需要可以解释时空差异、身份和权力关系的学问,以应对社区和学校人口统计、全球化以及技术进步的快速冲击。我们生活在一个教育和政治时代,在这个时代中,许多学生,尤其是有色种族的城市青少年,被媒体消极地描述为不认真的学习者。作为教育工作者和研究人员,我们不能不去质疑这些标签,我们不能在没有聆听学生的真实想法和经历的情况下进行"教育"活动或者开展教师培养计划。因此,这个领域真正需要的是利用广泛理论框架和复杂方法设计的严谨研究,是聆听各种声音的方法,是让教师和学生的生活和工作能够融入多元化社会的具体而批判性的指导。只有这样,我们才能期望他们能够作为积极民主的公民融入这个世界,并如格林(2000)所说的那样,去质疑"为什么"。而这正是他们希望我们去做的。

最后,我回想起谢里夫关于老师和学生应建立"共识"的期盼。他这样做就如同格林(2000)一样,通过质疑"为什么"来思考大家陷入误解和挣扎的原因。我在常年高中授课时所呈现的各种场景都是立足于谢里夫所提出的"共识":从通过案例对学校和课程加以定位(第二章),到探究民主与文化之间的联系(第三章),质疑学生对被称为作家的抗拒(第四章),再到探讨"权力规则"(Delpit, 1995/1996)以及学生的疏离感和错误传达(第五章),最终回到质疑"为什么"。整个过程起源于谢里夫的这首诗:

质疑:版本 1

(谢里夫创作的关于"为什么"的诗)

为什么每个清晨上学都如此艰难?
为什么好人不长命,祸害遗千年?
为什么十二岁的女孩穿着及膝短裙?
为什么可以合法抽烟?
为什么人们害怕面对真实的自我?
为什么伊拉克战争越来越像越南战争却无人发现?
为什么人们总是在你要离开的时候才懂得珍惜?
为什么那些有权有势的人不对街头流浪者出手相援?

如果我们活在未来,为什么有的人却伤害自己只为能够缓解悲痛?
为什么近来那些家伙连用拳头打架都不敢?
为什么孩子们在十岁出头就失去童贞?
为什么这个世界一代不如一代?
如果种族主义终结了,那么为什么黑人和白人的差距仍未改变?
为什么只有在电视上才能看到真正的爱情?
如果人人平等,那为什么囚犯无权投票?
为什么总说入门容易出师难?
为什么每个人都想得到他们的蛋糕,还要把它吃掉?
为什么我仍惦记着前任,虽然已过去两年?
为什么相爱容易理解难?
为什么那些家伙总是关注外貌,而非思想?
为什么人非要通过咒骂才能充分表达?
为什么人总是急于索取而怠于奉献?
为什么政府没有尝试阻止全球变暖?
为什么我们还是拿不出艾滋病的治愈方案?
世上有那么多答案,为什么问题有增无减?

第二章

教与学的平等和多样性：
　　常年高中的案例研究

在第二章中，一方面，描述了常年高中的地理空间；另一方面，考察了我所讲授英语课的课程设计以及课堂活动的空间，并将其作为"案例"（Chapman & Kinloch，2010；Dyson & Genishi，2005；Stake，2000）进行了研究。我这样做是为了质疑、思考以及关注教与学中的公平和多样性。前一章主要描述了高中生和职前教师之间的交流情况，以谢里夫对师生之间达成"共识"的愿景作为结尾。本章及后续章节将采用更为详细的方法，通过一些案例，研究高中学生在学术和空间上的互动。比如可能"深入了解形成人类经验的一些因素，以及人们诠释人类经验的过程"（Dyson & Genishi，2005，p.3）。希望通过这种更为详细、更有针对性的方法更清晰、更快速地审视常年高中的特定课堂环境中出现的教学活动。正如本章一开始我所描述的那样，这些课程受到学校地理空间的极大影响，因为该校坐落在一个正在推行城市士绅化的拉丁人或拉丁裔、非洲人或非洲裔美国人混居的社区（Kinloch，2010a），学校旁边就是社区文化和艺术中心。除了更大、功能更齐全的社区和学校空间环境，我所强调的课程也受到课程内容和教室空间的影响。教室位于校长工作办公室旁边，楼上是音乐室，离辅导员办公室只有几步路，楼下便是主办公室。

除了缺少某些传统意义上应该在学校内部配置或附属于学校的标志性空间（例如体育馆、操场、完整建立的图书馆、自助餐厅和学校食堂）之外，常年高中的这些特定空间配置很值得关注，因为我班上的学生经常就学校和社区之间的互动连结或脱节进行争论。通过这种方式，他们能够在多个特定背景的研究问题的引导下，设计出书面计划和电子化的文学叙事：学生对学校的看法是什么？校园中有哪些类型的活动和会议？这所学校及学校中的安排是否有助于提高学生的文化素养水平，改善他们的日常生活？学生可以做什么来改善、维护或建设学校环境和周围的社区空间？学校方是否致力于公平和多样性，这种努力是否足够？我们如何来分辨？

虽然学生还提出了许多其他问题，但根据非洲裔美国女学生卡莉玛（Karimah）的说法,上面列出的问题是他们所有人都很感兴趣的:"我们希望看到学校是一个可以让我们自由地表达不同想法、尝试不同装扮风格的包容的环境,这样我们就能弄清楚我们是谁,在离开(常年高中)时我们想成为谁。"几秒钟之后,卡莉玛补充道:"比如,我们是否拥有足够的技能?我们是否知道该如何回应那些与我们不同的、在学费更高的好学校上学的人?让我们面对现实吧,因为我们知道现实助长了我们的挫败感。"另一名学生维克托(Victor)坚持说:"好吧,那么看看我们周围,看看这里有什么,谁在这里,这里又发生了什么。盘点一下对学校的投资、对学习的投入以及那些使我们(停顿)不同于那些不在这样的学校上学的或不住在哈勒姆这种社区的人的事情。我不是说我们的学校或者哈勒姆有什么问题,只是提出这样的看法。"

学生们开始"提出看法",比如关于学校空间的重要问题("我们如何看待我们的学校"),获取资源("学费更高的好学校")和投入("对学校,对学习……"),我觉得我有责任做一些回应,表示支持。随着时间的推移,上述问题已经渗透到课堂讨论中,我也草拟了相关的写作任务,围绕学生在教与学中所扮演的角色以及教师作为催化剂的作用开始思考并着手写作。我还想到了那些与常年高中直接相关的、深受其影响的人(例如学生、教师、行政人员、工作人员和家长)对学校和社区空间更为广泛的、通常是不言而喻的看法。我在实地笔记中写下以下这些内容,后来也分享给了我的学生(前面加上"当时"的是实地笔记的内容,前面加上"现在"的是我现在的反思):

当时:在学习的时候,学生会以自己为中心或者想要成为中心吗?他们如何看待教与学中的自己?

现在:我班里的许多学生都很难接受以学生为中心的教学方式,比如与我一起设计作业和讨论课程。阿巴纳(Abana)评论道:"说真的,你根本就不想知道我们在想什么。为什么老师总会询问我们的意见,然后在我们提出意见的时候丢给我们一个愚蠢的作业来打发我们,就好像通过这个作业可以了解我们对任何事情的看法一样?"这提醒我,学生并不觉得以学生为中心的教学目标靠谱。

当时:我和我的学生如何看待我在常年高中所扮演的访问教师的角色?我想这与我从9月份开始来到这里(学校)有很大的关系。那段时光太短暂了。所以他们虽然见到了我,但并不真的了解我,因为我来去匆匆。

现在：有很多方法可以描述我在那所高中所扮演的角色。我脑海中闪现的一系列描述性标签是：访问教师、访客、学习者、局外人。回想起来，我认为我拒绝了"局外人"这个标签，因为学生们将"局外人"描述为那些走进学校，一边在课堂上和走廊里观察学生，一边在记事本上写些什么，最后甚至没有跟学生真实交流过就离开的人。虽然我认为我没有这样做，而且我希望我促进了他们的学习，但这并不意味着我不是一个局外人。我仍然是局外人，或者学生认为我是一个局外人。这会如何影响教与学以及关于公平和多样性的对话呢？

当时：我对自己扮演课堂上催化剂角色的看法在哪些方面与学生对我的看法相吻合、碰撞或冲突？

现在：虽然我知道一个人如何看待（或不在意）自己与他人的关系，在一定程度上影响着他对自我的认知，比如我知道那个非洲裔美国男学生迈克尔（Michael）认为我是"一个会让我们充满诗意的、来自山上的教授"，虽然我们开诚布公地谈论了这些感受，但我仍面临着呈现及再现经验和多重自我的挑战，特别是关于与学生互动和学术作业评估的挑战。

当时：我认为什么是至关重要的？

现在：我认为有很多事情都很重要：建立或提高学生的学术能力，面对纽约州高中毕业会考的现实，鼓励职前教师与学生共同设计作业。这些事情给在公平教育框架内的教学、学习和工作带来挑战（参见 Banks & Banks，1995；Howard，2010；Ladson-Billings，2004）。

在实地笔记中，我也写下了这样一个尚未回答的问题："还有什么是至关重要的，任何有关教与学的事情都是至关重要的吗？"

反思在常年高中的经历时，我觉得自己有资格回答这个问题："还有什么是至关重要的？"我认为，至关重要的是教学相长，透过现象看本质地学习，倾听学生的声音。要做到透过现象看本质，就需要游走于或跨越各种我熟悉或不熟悉的环境，以便对教师和学生、研究者和被研究者进行深刻的反思。这段旅程让我实现了与他人在（无）意识层面的协作。如此来说，那些表面的、具体的或抽象的界限，在人们观察并参与那些我们熟悉的（我们所知道的）或不熟悉的（我们还不知道的、陌生的）话题时，被成功地跨越了。具体地说，在透过现象看本质的过程中，我们可以学到更多关于不同经历、生活模式、在学校里学习、在"社区"中与他人和谐共处以及有色种族学生学术成就方面的经验教训。这些经验教训来源于那些即使在不公平、资金不足的教育环境里仍热爱学习的人的观点。显然,很多事情都至关重要。

关于教与学还有很多亟待解决的问题。正如玛丽安娜在课堂上发生的疑问:"有没有人认为这(教与学)根本没有什么亟待解决的问题?"对她的提问,卡洛斯(Carlos)回答道:"不住在社区算不算一个问题?"听到这个问题后大家顿时炸了锅。一位学生问:"怎么定义社区? 如果你说的是不在你工作或者上学的社区生活,我猜对那些刚刚到来又马上离开的人来说,的确没有什么是重要的。"很快教室里爆发了讨论的声音:"让我说几句。""等一下。""说得好,卡洛斯。"达米亚接过话茬说道:"如果你觉得什么事情需要解决,你必须知道在你生活、工作、上学的地方发生了什么……"她继续说道:"你必须联系起来看问题。以这所学校或这个班级为例吧。有很多事情都需要解决,因为我想学习,我想毕业,我不想只成为研究的一个统计数据。我也想了解在课堂上坐在我旁边的那个人。之所以没有什么事情让你觉得重要,是因为你不知道,也不想知道。你能理解我的意思吗?"

虽然达米亚提出了关于教学、学习和了解"课堂上坐在我旁边的那个人"有很多亟待解决的问题的观点,但卡洛斯关于"不住在社区"的问题确实促使我们(学生和我)去环顾整个学校空间,讨论我们知道或不知道的事情,以及对这些事情的感受如何影响我们在英语课上的表现。接下来,基于上述学生的讨论,特别是卡洛斯关于"社区"的观点,我将以本地环境与常年高中为案例,详细介绍其相关信息(例如人口统计、历史、地点)。我也会偶尔翻阅我的实地笔记,特别是在我最初遇到校长和学生时所做的记录,来进一步描绘学校和社区的情况。于是我开启了以英语课堂和授课(例如学生、空间、课程、授课技巧等)为例的讨论。在随后的讨论中,我希望与学生一起开始揭示关于教与学各个方面。在后续章节中,我会继续呈现和探讨。

当地环境: 东哈勒姆区一览

常年高中坐落于东哈勒姆区,由于悠久的文化历史,该地也被称为"西班牙居民区"和"西班牙哈勒姆"。整个社区遍布教堂、清真寺、修道院等宗教礼拜场所,还有公立学校、特许学校(一号标题法案学校)①、青少年和成年人教育中心、社会服务机构和文化机构(例如拉丁美洲和加勒比博物馆、媒体画廊、数字电影工作室)等。该社区位于曼哈顿区东北部,建有各式各样的公寓、赤褐色砂石建筑以及被地铁站、出租车呼叫中心、大医院、时装店、餐馆和便利店环绕着的老住宅区。这里政府认证的黄色出租车明显不足,每天都有黑色的林肯城市汽车(或吉普赛出租车)停靠在街道上,等待着将人们送到目的地。尽管目前居住在东哈勒姆的主要是波多黎各人、墨西哥人、非洲人、非洲裔美国人和中国居民(以及其他不同种族群体),但白人租户数量在不断增加。该地区还曾被称为"意大利哈勒姆"。从19世纪80年代开始,这里就是西西里人和南意大利人的家园。根据蒙德罗(Mondello,2005)的说法,"第一批抵达东哈勒姆的意大利人是一帮工贼,受雇于爱尔兰承包商,在第一大道上建造电车轨道。他们是在19世纪70年代的某个时间到这里来的"(p.3)。在19世纪70年代和80年代之后的几年里,其他东欧人也在这个社区安顿下来。

事实上,在20世纪30年代,哈勒姆的意大利社区是美国最大的意大利人聚居区。尤其在菲奥雷洛·拉瓜迪亚(Fiorello La Guardia)入选国会,以及在几年后担任纽约市市长时,意大利哈勒姆获得了更多的认可。同样值得注意的是,在"意大利哈勒姆"和"西班牙居民区"的绰号之前,东哈勒姆是一个非常令人向往的印度渔场,由早期的荷兰定居者和法国胡格诺派接管。在彼特·史蒂文森(Peter Stuyvesant)统治后,东哈勒姆被称为新哈勒姆。此后不久,英国殖民者来到现在被称为"纽约市"的地方,但当时人们称之为"新阿姆斯特丹"。非洲裔美国农民也曾在此地居住,主要生活在哈勒姆河沿岸地区(更多关于东哈勒姆的信息,请参阅 Bell,2010;Mondello,2005;Sharman,2006)。

根据贝尔(Bell,2010)的研究,"东哈勒姆有超过20万人口,他们来自35个不同的种族,说着27种不同的语言"(p.7)。毫无疑问,东哈勒姆社区经历了并仍在经历人口规模、名称、居民和地理标志(例如渔场、农田、郊区、城市社区)的变革。其他对东

---

① 一号标题法案学校:1965年,美国联邦政府颁布《初等与中等教育法案》(Elementary and Secondary Education Act,简称 ESEA),其中第一部分是《提高处境不利者学业成就的一号标题法案》(Title I of the Improving the Academic Achievementof the Disadvantaged Act,简称 Title I)。一号标题法案的最初目的是缩小处境不利儿童与高社会经济地位儿童的学业成就差距。联邦政府通过该法案的实施向学校提供资金支持,学校使用一号标题法案资金开展项目以改善处境不利儿童的学业表现。一号标题法案学前项目开展以来,从最初主要对处境不利儿童的教育补偿,逐渐转向关注整个儿童群体的学前教育质量。目前在美国有68所著名的一号标题法案学校,大都是从学前班开始的。

哈勒姆历史具有重要意义的因素包括:居民快速地迁出和移入,尤其是但不仅限于第二次世界大战期间;意大利和东欧人迁出,波多黎各人和非洲裔美国人移入;纺织业和制造业的扩张;针对少数民族居民住房和就业的区别对待;城市航线的开通、种族暴乱和民权运动等。

案例:常年高中一览

在新旧历史交替之际,逐渐士绅化(例如高层公寓的建设;重新装修的超市上涨的物价;年轻专家,尤其是白人专家的迁入)的社区出现了公立学校、特许学校、课后教育和娱乐活动、辅导班以及多语种或双语种学校。常年高中就坐落于这些服务中心、文化艺术中心之间,以关注社会公正和艺术的跨学科课程闻名,并致力于为学生提供必备的技能,帮助他们成为当地和全球社区活跃的"公民和领导者"(参见学校简介)。①该学校于20世纪90年代由当地一位大学教授创建,他相信艺术与人文之间的联系,这一点与常年高中对培养学生的个人认同感和自我价值感,增强他们对艺术和审美经验认识的关注非常吻合。

除了体验跨学科课程,学生还沉浸在学校的艺术教育氛围中,并且有机会参加一些课外活动和社会活动(例如乐队、体育、舞蹈、摄影、科技)。其中许多活动是与当地大学合作,以实习的形式在社区文化机构或附近的学校进行的。其他值得注意的包括:常年高中的课外拓展项目,通常在下午5点以后进行,旨在为学生提供额外的学术指导;跨学科校外文化实地考察;要求在校学生完成多年的艺术和外语学习。即使有如此丰富的教育机会,为了顺利毕业,常年高中的学生仍必须参加并通过纽约州高中毕业会考(国家教育与经济中心,2008)。有些学生符合基本的毕业要求也拿到了通过会考的最低分,少数学生获得了权威认证的盖有公章的文凭,而其他学生则始终在为通过会考和顺利毕业而挣扎。因此,虽然常年高中开设了创造性的跨学科课程,但它仍与纽约具有相似人口构成的其他学校一样,面临着大幅度提高学生学业成绩的压力:无论是完成校内的任务,还是通过全州的测试(如高中会考)。

2006—2007学年可公开获取的学校数据显示,在常年高中就读9至12年级的学

---

① 与学生姓名一样,常年高中也是化名。基于保密原则,参考文献部分没有列出此源。

生只有335名。其中大约65%的学生是拉丁人或拉丁裔,33%是黑人,其余2%分别是白人(1%)、亚洲人或夏威夷原住民(1%)。学生的性别结构均衡,女性占50.4%,男性占49.6%。大部分学生有资格享受免费午餐(73%),另有少数学生有资格享受午餐减免(9%)。作为特许学校,常年高中为近73%的学生提供助学金,并对其资源、决策和服务(例如专业发展、文书工作等)拥有较强的控制权。最新统计数据显示,常年高中共有24名教师,均已获得教师资格认证,91%的教师拥有高级研究生学位,54%的教师拥有至少三年的校内教学经验。除校长外,还有一名助理校长和另外两名专职工作人员(辅导员和在校护士)。

简要介绍常年高中这个活跃在城市社区中心的小学校,对将其作为案例来研究当地情况和学术背景来说非常重要。戴森和吉尼诗(Dyson & Genishi,2005)认为:"的确,我们的首要任务是了解地理环境,即时间、空间、人以及社会活动动态的配置和分布。"(p.39)在大多数情况下,我们可能很难有全面的了解,特别是考虑到学校工作人员的行政要求和教学任务所带来的时间限制,以及涉及衡量学生文化素养实践和学术水平(例如阅读、写作、数学、科学、历史,以及如何理解不同类型的文本)的考试时。仅仅是学校人口统计和标准化考试成绩的数字,即使有的话,也只能部分地体现学生在常年高中这样的环境中的学习经历(例如任务、过程、技能和有意义的互动)所受到的教育和社会文化影响。

因此,我看着学生们日复一日地彼此互动,与他们的老师互动,融入在几个特定的文化聚集空间里(例如图书馆门厅,他们在这里主动阅读和讨论新闻报道、杂志文章和其他课外读物,或者课堂,这里有学习资料,学生们可以进行展示、讨论和以戏剧表演的方式演绎)。我还注意到阅读不同类型如资料、课程材料、课堂空间材料以及相互(及他们自己)转换身份的材料时,他们的各种表现。我对学生如何诠释和破坏课堂空间和作业非常感兴趣。学生对学业的诠释有"常规""简单""没有挑战性""公式化""标准导向"以及"与日常和个人(校外的)现实无关"等。而破坏包括学生对作业的"反驳"(参见Kinloch,2010b),以及一些不合理的、有时候甚至是无礼的语言交流、退学、缺勤、迟到和早退。

我可能描绘了一幅学生以及他们在常年高中(对课堂空间和作业)进行诠释和破坏的混乱画面。然而,通过观察,我发现学生通过扰乱正常的学校教学课堂,可以找到社会性地参与教与学的机会。当非洲裔美国女学生贾丝明(Jasmine)上课迟到时,她把书包甩在桌子上,然后看着我说:"我迟到了,但我敢打赌我知道大家在做什么。"她的这种行为不只是在打扰课堂秩序,同时表明她认为课堂及其活动、任务和事件是模式化的、常规的、一成不变的、她在所有的课堂上都不得不做的一些事情。我问她:"什么?"她回答道:"对不起,女士,我忘了这是我们的课。"

一方面,贾丝明的评论谈到了一种主人翁精神("我们的课"),它包含但不限于我们共同的种族认同(非洲裔美国人)。随着时间的推移,她坦率地承认并写下自己的想法,开始将"我们的课"视为一个"不同意见不仅不会被忽视,而且会被倾听、批评和讨论"的空间(贾丝明)。另一方面,她的言论驳斥了一种根深蒂固的观点,即所有课堂"每天都在做同样的事情,它们直接无视了我们(学生)"。本学年,我注意到贾丝明和她的很多同伴如何通过将教室定义为"我的"和"我们的"来重新审视课堂空间。不仅是我开始质疑、批评和重塑课堂空间及在其中进行的活动(从"局外人"的角度),学生们也在这样做(从"局内人"的角度)。

为了进一步了解戴森和吉尼诗(2005)所提出的"了解地理环境……社会活动动态的配置和分布"(p.39),这个学期我在常年高中讲授英语课之余,一直致力于与学校校长和学生们进行对话。与《纽约州学校成绩单》和《纽约市教育部质量审查报告》所述的内容相似,校长和我经常谈论常年高中学生的学业表现情况。我们就冷漠、公平、城市环境教学和青少年文化等问题交换了意见。这些谈话很快让我开始观察在走廊、音乐室、楼梯间、各种教室以及学校前的人行道上出现的学生们。乘坐地铁和公交时,绕着常年高中周围的社区漫步时,我会观察并记录他们与朋友交流的情况。但我的观察和互动并没有揭示那些脱离学习的学生、那些没有受到社会不公正的影响的学生以及那些没有意识到他们正在就读的和许多他们曾经就读的学校中存在不公平教育结构的学生的情况。事实上,他们的批判能力,特别是关于教与学方面的见解,足以说明他们有能力选择进入或离开学校以及能完成学校教育所要求的相关任务。基于这些认识,我与学生就相关话题(例如学生选择、学生参与或脱离、教学、学习、阅读及写作兴趣)进行了焦点式对话。

对观察记录的反思

这些焦点式对话为我在常年高中课程的教授方法和教学实践提供了参考。几年后,这些对话仍然深深地影响着我与青少年、职前教师、博士生以及新老公立学校教师合作的方式。这些对话也迫使我经常重新审视我在常年高中所做的观察记录,这些记录为我与学生的交往提供了一个更为主观的视角,其中包括最早与我交谈的两个学生——亚历山德里娅和昆顿。这种对话也极大地影响了我对作为一个教育场所的常年高中以及我与学生日常交往情况的看法,同时也为我所讲授的英语课程(如案例研究)的设计和课程决策提供了参考。

关于亚历山德里娅的笔记节选

当我在图书馆走廊里遇见亚历山德里娅时,我们立刻开始谈论她对阅读和写作的兴趣。她在常年高中就读9年级,虽然有"足够多"的朋友,但她思想开放,总是愿意结识新朋友。在这一学年的最初两个星期,她参与了一起校园打架斗殴事件,而就在几周前,她又因第二次打架斗殴而被勒令休学。第一次是与同年级的一个年轻女孩打架,第二次则是与一个男孩(昆顿)打架。他俩应该是好朋友,且都因此被勒令休学。而回到学校时,他们已经和好如初。"我们挺好的,没事儿。"亚历山德里娅说。学校校长(维罗尼卡)调和了他们的冲突,并表示他们现在已经没什么问题了:"虽然亚历山德里娅似乎无法控制自己。她曾试图摸他,不仅是他,还有其他男孩。"我告诉维罗尼卡,在与亚历山德里娅和昆顿合作时,我会注意这种行为的。

我问了亚历山德里娅关于学校里学生和老师的问题,想知道她对种族和身份的看法和感受。只是请她分享她对学生和老师的想法,没有任何催促,她回答道:"这里的黑人老师很少……但这并不重要,因为大多数时候最重要的是与人相处,特别是与老师相处。有时候我可以这样做,有时却做不到。但是我和他们相处的状况并不是问题所在。"据我观察,问题在于亚历山德里娅觉得课堂学习没有挑战性。她以9年级英语课为例说:"我们去上课,在课堂上写的比实际阅读的多。我既喜欢读也喜欢写,但我认为用这种方式阅读是不正确的,独立阅读的时间少于20分钟,或者说少于30分钟,剩下的时间用来写作。但实际上并不是剩下的时间都在写作,因为我们一直坐在那里听老师重温相同的概念和结构,或者听他们朗读我们在家里已经阅读过的材料。我从早上9点37分就开始上英语课,就这样持续到大约11点17分。我只是希望能够阅读更多的内容,这有什么问题吗?"

［观察笔记告一段落。我后续写道：］

从亚历山德里娅所讲述的英语课程案例中，我发现她非常了解无趣的活动和课堂套路，她意识到了早早完成作业就可以在剩余的课堂时间里与同伴交流或者做一些类似事情的价值（至少对她而言）。亚历山德里娅说："我总是遇到麻烦。我也不知道为什么当别人像我一样在课堂上说话的时候，却什么事也没有。"亚历山德里娅很了解她的行为以及同学和老师的行为，也知道老师会在她"只是觉得无聊，非常无聊"时因为她不认真而点到她。我们就"遇到麻烦"这个话题进行了更深入的交流，之后她向我展示了她的作品——围绕《梦境》(*Dreamland*)一书为英语课写的一篇文章，论述高明又精彩！亚历山德里娅的确是一位非常厉害的作家。我很想了解更多有关她写作和阅读的过程。现在，她真正想要的是"至少受到老师、学生或其他什么人的挑战……因为我已经厌倦在课堂上一直做同样的事情了"，却不得不带着"麻烦制造者"这种不公平的标签。"难道我不能发声吗？难道我不能有观点吗？谁说的？我一直在告诉他们我希望我的声音能够被倾听和采纳。结果，我竟是一个麻烦制造者。麻烦制造者？他们（老师）想知道为什么我们不喜欢上学，那就请给我一些值得做的事情吧。不要再持有偏见了。"

［亚历山德里娅站起来，环顾四周。昆顿则一直坐在那里听着。以下是我对课程第二部分的说明：］

亚历山德里娅问昆顿他感兴趣的是什么，是否喜欢阅读、体育运动或写诗："你喜欢什么？"他的神情表明，他对她的问题感到震惊。他在椅子上挪了一下位置，给了我们（我和亚历山德里娅）一个大大的笑容。"好吧，如果课程变得有意义，让我可以应对生活中发生的事情，那我会多去上课的。我们没有阅读有关家庭问题、有关我们（青少年）如何应对失去挚爱亲人的材料，也不做相关的项目。你知道的，对那些我们经历的很艰难的事情，我们只能自己努力去弄清楚。"昆顿环顾了整个房间。我和亚历山德里娅则在沉默中等待。他接着说："老师不希望我们将课堂阅读与现实生活建立起连结。他们告诉我们，读这本书中的一段话，然后回答问题，但不必谈论你感觉到或者没感觉到什么。他们希望我们给出正确的答案，就好像正确答案只有一个……这就是我的想法和感受。这就是为什么我说'学校真无聊'。"

［笔记结束。］

关于昆顿的笔记节选

我今天去常年高中与昆顿进行了更加深入的交谈。在过去的一周里,我们一直在谈论学校很无聊。亚历山德里娅人在那里,却一直一副若有所思、灵魂出窍的样子。在谈话过程中,她有些神情恍惚(我提醒自己,要了解一下亚历山德里娅怎么了)。我们讨论了昆顿在期末考试时的成绩,他承认他只通过了数学考试。如果我没理解错的话,那他就是参加了数学、艺术、体育、社会学、英语、咨询和其他考试,但只有数学考试通过了。我还没有来得及说些什么,他又认真地说道:"学校真无聊,学校太无聊了!是啊,我说了,学校真无聊。你们还在期待些什么?"他高亢的声音在我耳边响起,我忍不住重复了"无聊"这个词。我会听到多少次学生们用这个词来形容学校?有多少学生会像亚历山德里娅那样摇摇头,表示赞同?

昆顿沉默地坐在那里,似乎陷入沉思。我不想打扰他,我们只是静静地坐在那里。30秒,1分钟,2分钟。终于他开口说道:"我的初中比这里好,更有挑战性。我知道这只是我在这里(常年高中)的第一年,但如果现在就是这样,以后又会怎样?所以不要感到困惑。难道我不能通过考试吗?我可以的。时间会证明的,只是我现在还不能。"

〔观察笔记至此告一段落。我后续写道:〕

我问昆顿学校的课程怎么样,他盯着我说了一句话:"我说过了我只通过了数学考试,女士。这说明什么?"再一次,我们只是静静地坐在那里。而他再一次打破沉默,解释道:"好吧,瞧,课程可以变得更好,而且我并不是不懂这些东西,只是不愿意做那些作业,也不会强迫自己去做。这些都没有挑战性。他们唯一要说的是:'好吧,你要么这样做,要么就得不到好成绩。'我们去上课,去学习我们需要的东西,归根结底竟是为了获得好成绩。这就是我所说的学校真无聊。我们坐在那里,他们对着我们讲课,我意兴索然。他们看着我们,但没有真正地凝视我们。好像他们的视线掠过我们,看着窗外,或者看着他们的日历,想着夏天来了,他们就可以出去了……就可以蹦蹦跳跳了。我是实话实说。这就是我对课程的看法。"(这是我对昆顿的评论的改述,我与他分享过)

〔亚历山德里娅再次摇摇头,表示同意。笔记结束。〕

关于亚历山德里娅和昆顿英语课程笔记节选的启示

当校长维罗尼卡邀请我讲授英语课时,我同意了,但条件是课程设计必须采纳亚历山德里娅、昆顿、玛丽安娜、谢里夫、索菲(见第一章)以及其他跟我交流过的学生的意见。我知道以学生意见为中心讲授一门课程是很重要的,即使他们的一些意见与我自己的观点存在冲突(例如,学生只完成数字作业,而不用完成书面论文;学生不读学术文章,只读"街头文学";不用批判性的、政治的视角去看纪录片;等等)。在设计课程时,我的脑海里总是回荡着昆顿的声音:"这些都没挑战性""你要么这样做,要么就得不到好成绩""学校真无聊"以及"我们意兴索然"。他的观点揭示了人们关于学校教育的看法中普遍存在的一个问题。根据坎帕诺(Campano,2007)的研究,学生们"遵守惯例——无论是否符合他们的意愿——因为他们适应权力为大的残酷现实。有时学生会为完成学业而做他们必须做的事情……即使学校没有定义他们的身份,也没有明确告诉他们将来会是什么样子"(p.28)。

对许多学会了"顺从""适应"和"为完成学业而做他们必须做的事情"(p.28)的学生来说,确实如此,但也有其他学生试图通过强调他们认为与学校教育相关的问题来抵抗这种"残酷的现实":死记硬背和作业单(参见玛丽安娜,第一章);教师朗读"我们在家已经阅读过的材料"(亚历山德里娅);学生与教师的关系中缺乏"共识"(参见谢里夫,第一章);学校真无聊(昆顿)。当然,我并不是说有什么魔法可以消除学校教育的各种问题,也不认为教与学是简单易行的过程,但我确实认为学校必须成为关心学生本身(Noddings,1993/1995;Witherell & Noddings,1991)及其"智力发展"(Darling-Hammond,2010,p.250)的地方。就像达林·哈蒙德所说的,"学校必须了解学生现在的状态,并促使他们能够大步前进"(p.250)。我并不是说常年高中的老师没有这样做,许多老师在完成国家要求的教学任务的同时,成功地让学生参与批判性文化素养和学习了。尽管如此,还有很多其他学生既没有融入学校,也没有在课堂上听课,这显然是因为他们拒绝单纯的"完成学业"(Campano,2007,p.28)。亚历山德里娅和昆顿只是这些拒绝参加这种教师独断式教学活动的许多学生中的两个例子,而这些活动是与学术脱节的。

更有甚者,亚历山德里娅和昆顿的态度、观点和话语虽然总是被忽视,但仍清楚地指出了包括教与学以及对成功、成就和参与的传统理解在内的层出不穷的问题。也就是说,一方面,有些学生不相信教室是他们可以开放地尝试不同思想和身份的安全归属地,因此,对教育工作者来说,"努力认识、包容和理解学生参与课堂的各种模式"(Schultz,2009,p.144)就变得非常重要。另一方面,大多数学生意识到不公平的教育

结构会限制学生的知识建构和产出,以致教育缺乏公平的框架和平等的模式。正如班克斯和班克斯(1995)所言:

> 教育公平不仅可以让学生获得基本技能,还可以使他们利用这些技能有效地促进社会变革。我们认为,多元民主社会中的教育应该帮助学生获得反思了解、深入关怀和谨慎行事所需的内容、态度和技能。(p.152)

就我与那些抗拒参与"储蓄式教育"形式的学生一起工作而言,班克斯和班克斯(1995)关于教育公平的论点非常重要(参见 Freire,1970/1997)。在设计英语课程以及考虑课程可能会引发的问题、关注点和议题的时候,我一直以他们学术研究的论据为基础。我考虑了很多问题:如何就活动和作业的创建与学生合作(而不是孤立地工作)?在学生、教育和学习方面,有哪些观点和不足是我可以向学生学习的?另外,践行我对高中生和职前教师的要求——有参与的动力(而不仅仅是表现出来),采取解释性态度(Nino,1996),通过或引发社会公平、互惠、相互交流和透过现象看本质的方式参与教学实践,对我来说有什么意义?

关于英语课程的笔记节选

今天是星期五,新学期的第一天,也是我在常年高中讲授第一堂课的日子,真是奇妙的一天!我乘坐曼哈顿的"A"号列车从曼哈顿因伍德(Inwood)区第 209 大街车站来到哈勒姆的第 125 大街。接着,我转乘 M3 路公交到达东哈勒姆,然后从那步行到学校。我沿着第 106 大街走向列克星敦大道,经过一个住宅开发区,穿过一条公路隧道,然后沿着一条两旁排列着整齐公寓楼的道路步行,跟我一起走在这条路上的还有那些在新的一天匆忙赶去上班的人们。那些站在街头的老人一声声"早安"和"早上好"萦绕在我的脑海中,我们目光轻触,尽管不知道对方的名字,但那瞬间一定有一种熟悉感穿过了我们的身体。

当我以为这只是我疯狂的臆想时,我感受到一位年长的非洲裔美国人的目光。突然我们四目相对。我盯着他,仿佛在说:"我认识你吗?"我想移开目光,但在我转移视线之前,他说道:"不知道为什么,感觉你很熟悉。我也不知道……你来自哪里?"我回答道:"南边,南卡罗来纳州查尔斯顿。"然后,我笑了笑。他用愉悦的声音说:"当然是查尔斯顿,对啊!"我有点吃惊。我惊讶的表情大概就是我的回答吧。"告诉你吧,我认识你。我们都非常了解彼此。"不知何故,这个像是集父亲、叔叔和兄弟多种身份于一身的男人,知道我。他就是知道!我对着他微笑,然后他说:"无论你去哪里,好好对待他们。你也会收获很多。"

依旧是这个星期五的下午,我坐在那里写着笔记,一直在想今天早上奇妙的邂逅,今后是否还会再次遇到他呢?(事实上没再遇到过)即使不再相遇,但因为他,我现在可以通过熟悉感和好奇心去直面人心,透过事物的表面去观察、感受和见证事物。也是他鼓励我去常年高中讲授英语课程,我相信我会在这里学习和体验"很多"。经过一段时间之后,我想我们就会了解发生了什么,学到了什么,看到了什么。如果可以的话,我希望能够透过事物的表面看到本质。

我终于到了学校。我急匆匆地往里走,然后和一名保安一起去一楼办理入校手续,就像我9月份来的那次一样。正如你知道的,例行的问好开始了:"早上好。""早上好。今天怎么样?""还不错,你呢?""还行吧……"接下来是值班保安给我的各种提醒:"一大早就开始忙了。电梯现在还不能运行。我女儿生病了,所以我得早点走。"然后我回答道:"很遗憾您女儿病了。我今天火车又晚点了,感觉要迟到了。我先上楼,等会儿再聊。"然后,我乘坐电梯上楼——或者是爬楼梯?记不清了——然后与主办公室的老师们交谈起来。我记得我走下走廊到图书馆去看了看是否有学生坐在图书馆门厅里。又去校长办公室和校长一起去办理入校手续。她带我回到三楼办公室,我拿到我的出勤表、学校公告和其他要分发给学生的讲义。但当天更重要的是,她的目标是确保把我重新介绍给那些重要的人——前台工作人员。

现在,我可以这样说:我是从9月就来到常年高中的。我已经被介绍给前台工作人员一百万次了,虽然我知道每次都是针对不同场合的不同介绍,有着不同的意义。每个人都很热情好客。维罗尼卡跟我一起站在他们前面,似乎在期待某种回应。我想他们在等着看我是否真的会来,就像在我同意教课前的日子一样。或者,我是否会放弃我曾在其他场合与他们中的几个人谈论过的对学校(常年高中)和城市教育的承诺。这一次,我不打算与小组学生在图书馆门厅或空旷的储藏室里一起工作,也不用再去问老师,我是否可以坐在教室里观察课堂上那些跟我进行过一对一交流的学生。这一次,我想他们等待的是看我是否真的会回到学校并转换个角色——从一个在走廊里徘徊着与学生交流的"局外人"转变为一个英语访问老师。我来了。我假装没有看到那些欢迎我的人脸上的惊讶表情,假装没有听到这样的言语——"我就说她会来的嘛。""你现在还想说什么。""等到她见到那些学生们再说吧。"

我意识到角色转变中的政治因素。我不再只是一位来到这里的大学教授,因为我被问过很多次:"你又要做什么？哦,好吧。"我现在担负起为27名学生讲授一门课程的责任,相比于谈论兰斯顿·休斯、玛克辛·格林(Maxine Greene)、乔纳森·科佐以及关于哈勒姆社区的文化传承,他们对享受最后一年的高中生活更感兴趣。而我即将开始讲授的英语课就是一个案例。伴随着这个课程的是：工作人员等着看"她要做什么",学生对毕业后的生活的关注,学生们经常提出的问题："你真的是个教授吗?""为什么你想在这里教学？""如果我是你,我不会像你这样做的,女士。"

常年高中的高级英语课程和方法论问题

2006年11月,我接受了维罗尼卡让我在常年高中讲授必修高级英语课程的邀请。课程时间为2007年1月至7月,每周5天,都是在清晨开启一天的学习。参加该课程的学生学业水平各不相同,学习能力也参差不齐。正如我在前言中提到的,学校里有无数关心我的、善良的人(包括保安、教师、其他工作人员和研究人员)曾警告我,可能会有很多学生拒绝完成学业任务,也不会做任何作业。相反,他们会扰乱课堂秩序,影响和分散那些想学习的学生的注意力。虽然我知道他们告诉我这些是出于关心和关注我将要和学生一起做的这项工作,但我必须承认他们的话让我更加坚定了在常年高中讲授英语课程的决心。我想亲眼看到这些学生的才华和智慧。因此,我采用批判性教师研究员自我反思的视角来审视对城市——至少在这样的环境中——学生能力低下的根深蒂固的刻板印象。为此,我围绕学校教育、学习能力和权力这些主题设计课程。我邀请学生们结合当地社区的历史来思考这些主题。

我们研究了哈勒姆文艺复兴时期的诗人和诗歌,民权运动时期的活动家以及有关城市教育的历史和当代观点的图书。我们研读了有关哈勒姆历史的文章和故事,聚焦于"少数民族"自有企业、当地斗争和教育活动。我通常会和学生们共同设计各种各样的写作任务来扩充批判性阅读材料,包括与原始的口语诗歌和表演配套的议论文,以及以社区为主题的多模式写作项目。在其他作业中,学生通过自己作词、自弹自唱的表演形式完成了扩展式课程读物读后感。这样的学习方式体现了丰富性、互惠性、民主性和多样性。

通过采用定性研究方法(例如基于对学生的课堂观察、课堂讨论记录、学生作品收集、访谈、实地笔记、关于我自己教与学经历的反思），运用批判性教师研究员自我反思的视角（Campano，2007；Fecho，2004；Michie，2004），我观察到学生在阅读、写作、提问和合作的整个过程中都积极地参与和学习。与此同时，学生们也评判了哈勒姆社区的一些负面情况（例如年久失修的建筑、士绅化需求等），排斥任何将他们描绘成当地闲散人员的态度。我与他们谈论了他们对这些态度（例如成年人认为学生懒惰而闲散）的抗拒，而这次对话让我们以纽约州 12 年级英语标准为基础共同构建了课程学习目标。在课程刚开始的几天里，我们制定了以下几个目标：

1. 耐住性子提高和改善我们质疑、思考、反思以及评判自我和他人观点的方式。（这与纽约州年级具体绩效指标的此项规定有关："学生应参与以社交互动为目的的阅读、写作、倾听和发言活动。"）

2. 愿意就我们对课堂阅读和写作提出的批判性反馈与他人分享，并就这些反馈与我们在其他课上的阅读或写作的联系进行友好讨论。如果无法建立联系，则真诚地告知其原因，拿出证据。（这与纽约州年级具体绩效指标的此项规定有关："学生应参与以获得信息和认识为目的的阅读、写作、倾听和发言活动。"）

3. 通过语言来创建、挑战和表达文学对生活的意义。（这与纽约州年级具体绩效指标的此项规定有关："学生应参与以文学反应与表达为目的的阅读、写作、倾听和发言活动。"）

4. 增强运用文学展开理解、批判和交流观点的能力。（这与纽约州年级具体绩效指标的此项规定有关："学生应参与以批判性分析与评估为目的的阅读、写作、倾听和发言活动。"）

至此，我们现有的课程目标进入另一个更加敏感的学习阶段。例如，在课程大纲中，我引用了莫妮克·泰勒（Monique M. Taylor，2002）的《哈勒姆：天堂与地狱之间》(*Harlem: Between Heaven and Hell*)中的一段话。泰勒写道：

> 2000 年春天，无论是在商业领域，还是在房地产领域，人们在哈勒姆看到的所有变革都已经持续了数十年。在 20 世纪的大部分时间里，哈勒姆的命运随着美国种族政治的变化起起落落。城市工业主义的沉浮以及去工业化的开始所产生的震荡效应也促成了社区经济生活如过山车般的起伏。(p.xiii)

这段话让学生们议论纷纷："谁写的这本关于哈勒姆的书？""她讲的是哈勒姆的什么事情？如过山车般是什么意思？""这与英语有什么关系？"然后，一位学生回答道:"得了吧,我们知道她说的是实话。哈勒姆的一切都在改变,而我们却表现得像是她在说谎一样。不要因为我们不希望看到这些变化,就假装事情没有改变。我们住在哈勒姆,说实话,是这样的,它在起起落落,特别是在经济方面,也就是钱。财神来到家门口……我却没开门。"

此刻,泰勒对哈勒姆的描述引发了很多学生的讨论,有自言自语的,有对整个班级直接表达意见的,还有伴随着点头赞同的交头接耳。我感到这一刻大家反响很强烈,即便如此,我的反应还是不如我听到学生们对我提问的回答时强烈,或者说对我的启发程度没有那么高。我问道:"我们可以从这段文字中学到什么?你们如何将泰勒的观点和我们的学习目标或你们对这门英语课的期望联系起来?请告诉我。"而学生的回答是:"忘了那段引文吧。我们来谈谈为了阻止哈勒姆变化我们不得不做的事怎么样?谈谈这个怎么样?所有的阅读和写作,所有'让我们聊聊这个,聊聊那个',都无法阻止我们面前正在发生的事情。可悲的是,我们好像没有能力阻止它们的发生。我们坐在这个愚蠢的教室里,就像这些改变跟我们没关系一样。这跟英语又有什么关系?"

他回答完没多久,我说道:"哦哦,好吧。你们也知道,这与英语有关,嗯,我们需要学会更全面的学习。我站在这里是想告诉你们,解读、分析、了解文章的意义,建立起文本-自我-世界的连结方式,在我看来,都是真实的。你们做这些事情的技能恰恰就是我们这门课程的目标。而且,我也知道,就现实而言,这些事情超越了这个课程的范围……我指的是就现实生活而言。"此时,一名学生打断我:"女士,我们知道你是对的。我们也确切地知道你在说什么。但是这很愚蠢,我为自己面对这些正在发生的改变却无能为力而感到愤怒。我认为谈论和书写我们已知的东西并不能改变什么。所以,见鬼去吧。女士,我并无冒犯之意。"

事情就是这样。学生们先是为能够共同构建课程的学习目标而感到兴奋,而后又对我在课程提纲中所引用的泰勒的文章感到愤怒。虽然没有人承认,但他们确实很气愤。我相信他们不仅是对泰勒(和她的观点)感到气愤,还对我感到气愤——一位大学教授来到他们学校与学生交谈并讲授一门课程,只为在课程结束后从课堂讨论中记录一些东西,然后离开常年高中,回到大学。在这次讨论之后的几天里,我一直在思考如何再次与学生们讨论大家都极为关注的话题。虽然我并不想火上浇油,但我需要做点什么。我再次翻阅了玛克辛·格林(2000)的书《释放想象力:教育、艺术和社会变革论文集》

(*Releasing the Imagination: Essays on Education, the Arts, and Social Change*),当我看到第九章《为开端教学》时,我觉得自己好像找到了方向。格林写道:"但后来我意识到开始与自由的关系,破坏与意识的关系,这些都与教导其他人有很大的关系。"她继续写道:"而且我认为,如果我和其他老师真的想要激发学生突破传统和刻板印象的限制,那我们自己必须打破那些在我们的生命中所建立起来的一切,我们必须继续鼓励自己重新开始。"(p.109)

格林的文字使我明白,即使会有不适、愤怒和分歧,我们依然可能达到学生和我可以进行对话、思想交流、互教互学的自由状态。因此,学生评论"这跟英语又有什么关系?"既是对所引用的泰勒著作的反对声明,也是在教室中浮现出学生的声音(例如"我们却表现得像是她在说谎一样")、观点(例如"为了阻止哈勒姆变化我们不得不做的事"),以及来自生活体验的例子(例如"财神来到家门口……我却没开门")的开始。我们不仅正在研究哈勒姆这个特定的背景,还试图做一些事,正如卡莉玛(本章开篇部分)所说的:"面对现实吧,因为我们知道现实助长了我们的挫败感。"我试图将这种助长的挫败感作为课堂讨论和作业的核心,以便让学生(也让我自己)在打破坏学校、学校教育和不公平结构的规范化模式、惯例和对话时,特别是在这种城市环境中做到这些的时候,能够"体验打破"并获得"可能性意识"。

在整个学期中,我们重温了泰勒和其他作家著作的段落,这些作家包括:保罗·弗赖雷(Paulo Freire)[《被压迫者教育学》(*Pedagogy of the Oppressed*)],乔纳森·科佐[《国家的耻辱》(*Shame of the Nation*)],威廉·艾尔斯(William Ayers)[《城市的孩子,城市的教师:来自前排的报告》(*City Kids, City Teachers: Reports from the Front Row*)]和兰斯顿·休斯[《黑人的河流说》("The Negro Speaks of Rivers")、《疲惫的布鲁斯》("The Weary Blues")、《英语主题B》("Theme for English B")、《哈勒姆2》("Harlem[2]")、《莱诺克斯大道:午夜》("Lenox Avenue: Midnight")、《点唱机恋歌》("Juke Box Love Song")、《哈勒姆之夜》("Harlem Night")、《我梦想世界》("I Dream a World");参见 Rampersad,1995]。我们听取关于美国政治和教育走向的评论,批判流行歌曲歌词、视频和大众媒体(如自由作家)对城市教育的描述。此外,我们就社区、权力、归属感、话语权和斗争等词语背后的深层含义进行了激烈辩论,有时甚至争吵起来。

一路走来,我们围绕责任感、民主、失去和疏离感等议题,精心创作论文、诗歌、演讲以及多体裁项目,最后回归到我们合作设计的课程目标中去。事实上,我们打了很多胜仗:改写课程作业,讨论必读书目,为校外读写活动腾出空间,找到从纷乱的友谊和其他关系中抽身的方法。我们也吃了许多败仗:不辜负我们的宏伟目标,即在学年末每个学生的成绩都能达到或超过年级水平;每个人都能留在常年高中,然后顺利毕业;那些经历了个人损失的学生能够从看护他们的成年人(例如学校辅导员、值得信赖的老师、家人或朋友)那里寻求帮助,而不必以自我毁灭的方式将损失内化。我们遇到的其他斗争包括不与学生和教师进行消极的对抗(例如与学生打架,说老师"愚蠢",在课堂上睡觉等)、疾病、饥饿以及学习成绩差的挫败感等。

案例和条件:展望未来

我知道我在本章提及的空间对理解并实施"案例研究"的实际案例并不一定适用。显然,这类研究的方法论基础是通过使用多个数据来源对事件、条件和现象进行检验的"实证研究"(参见 Barone,2004;Stake,2000;Yin,1984)。然而,我确实相信所收集的东哈勒姆地区资料、常年高中及英语课堂或课程相关信息(例如档案数据、访谈、观察、实地笔记、课程开发、个人反思)就是案例研究所需要的信息。这些案例揭示了教与学的可能性、开放性、自由性和公平性。无论是与我谈论需要努力实现全校公平和卓越文化的校长维罗尼卡,要求他的同事和我"评估对学校的承诺"的维克托,或是大声宣称"学校真无聊。你们还在期待些什么"的昆顿,各种各样的案例都呈现了"激励(我们)去突破传统限制的"(Greene,2000,p.109)特定模式和条件。这些案例让我回到我在本章开头所强调的那些学生设计的特定背景调查问题中去:学生对学校的看法是什么?校园中有哪些类型的活动和会议?这所学校及学校中的安排是否有助于提高学生的文化素养水平,改善他们的日常生活?学生可以做些什么来改善、维护或建立学校环境和周围的社区空间?学校是否致力于公平和多样性,这种努力是否足够?我们如何来分辨?

看起来,在接下来的章节中,我可能会隐晦地关注这些问题。事实上,这暗含了目标明确的循序渐进。在接下来的三章中,我将给学生提供学习和参与的具体实例,以便在最后一章中就这些实例与上述探究问题相关的行为和互动进行更为明确的讨论。首先,我将聚焦学生的文化素养活动和抗争,因为他们对教与学的背景有很多话要说。

我相信,现在是时候让那些关心学校教育、儿童及青少年教育的人以开放的心态去倾听了。在接下来的章节中,学生代表了那些敢于为了打破传统、透过事物的表面去质疑环境的群体。

第三章

达米亚的民主：
教室是文化参与的场所

我们坐在课桌旁,面朝教室前方。墙上挂着几面壁挂式的黑板,左边陈列着一张久未使用的摆满了旧书和讲义的课桌。为了在教室中间留一个过道,所有的课桌都均匀地分布在教室两侧。从一开始这间教室的课桌就是这样摆放的,考虑到在我们的英语课前后还有其他常年高中的课程需要用这间教室,思来想去我们最终还是没改变它们的摆放方式。在大多数情况下,学生都可以自由选择自己的位置,偶尔一些学生会根据小组作业和主题讨论更换座位。每当学生们来上我的英语课时,总会自然而然地交流他们在其他课上,在图书馆或校外碰面时所发生的事情。但在这一天,情况有所不同。我没有听到学生们谈论《每日新闻》《纽约邮报》或清晨电视电台节目的头条故事,听到的是:"我无法相信竟然有这样的学校!""孩子们怎么在那样的环境中学习?""我们生活的社会竟如此不重视教育,甚至连让所有孩子学会最基本的知识都不能保证?""肯定还有人认为是我们要求的太多了。"

学生们带着这样的情绪来教室上课的情况有些反常。一开始,几个学生先后来到教室,然后又有几对学生走了进来,随后一小群学生一拥而入。那些经常上课迟到的学生竟然也准时,甚至提前来了。令人惊讶的是(至少对我而言),学生们进入教室后将原本正对教室前方的桌子围成一个看起来有些散乱却又让人感到惬意的圆圈。座椅则散乱地摆放着。学生们将他们的背包扔在桌子上。卡莉玛问道:"好了吗,女士?我们从哪里开始讨论?"我把考勤表扔到一边,靠在一张桌子上说道:"我不知道你们在讨论什么,所以不如先说说你们在想什么吧。谁先来?"达米亚站了起来。

继续向前寻求答案

"他的章节标题吸引了我:《羞辱死者》《在他们很小的时候重击他们》和《排序制度》。这些并不是唯一让我感觉到别扭的东西。"有几个学生嘲笑达米亚扩展使用"伸出酸痛的大拇指"（stick out like a sore theme,表示扎眼、格格不入）这个俗语,有人窃笑说:"你疯了吧,姑娘？"对此,达米亚说:"不,真正疯狂的是《致命的谎言》《虚假的承诺》,甚至是《抗争的邀请》。"她继续说道:"我开始阅读那些他不得不说的话,我承认有时候我感到无聊,但其他时候我是什么样的呢？这真实吗？那些努力尝试接受教育的学生在经历着什么？"在她说这些话的时候,学生们慢慢地开始和周围的同学交流起来。达米亚说:"等等,让我说完。我知道现在各地的情况并非都是如此,但如果有一所学校的情况是这样,就足以要求整个系统做出积极的改变。是的,我说的是整个系统。"达米亚停了下来,似乎在整理思绪。当她抬头看着我时,她摇摇头说:"他的标题和论点都是真的,但它们激怒了我。我有疑问。"

在我对达米亚的问题做出回应之前,胡安（Juan）说道:"这件事中让我感到震惊的是潘艾普（Pineapple）,以及潘艾普曾对他说过,她的一位老师会通过责骂让孩子们冷静下来。但责骂怎么可能让孩子们,特别是小学生冷静下来呢？我们需要采取一些措施来改变这种现象。"学生们坐在那里一边听胡安的叙述一边注视着他,似乎在示意他继续往下说。从学生们的面部表情,我看得出包括我在内的许多人都想知道这个年轻人到底是什么样的——他总是坐在教室里,讲着笑话,在同学做作业时打扰他们,每5分钟就要求去一次洗手间,每节课都要诉说他对棒球有多么热爱。而这是胡安的另一面,直言不讳、充满热情、积极的一面,是包括他的同学和一些老师在内的很多人都很少见到的一面。我们盯着他,胡安说道:"我是认真的,不是在开玩笑。关于这本书的论点,我要说的话才刚刚开始。"每个人都静静地坐在这个以前充满嘈杂和打闹的教室中,等待胡安继续讲话。

当他意识到同学们默默地把他们每天都会争夺的讲台留给他时,他一脸震惊。胡安走上讲台说道:"我们可以嘲笑所有这些我们想要得到的东西,但是拜托,那些责骂孩子的或在学校里吸烟的成年人肯定有问题。一个不够重视孩子的体制也肯定有问题。"从学生们点头的动作和"确实是""你说得对"等话语可以看出来,他们每个人似乎都赞同胡安的观点。学生们纷纷举起手想要各抒己见,举手的人太多了,我一时数不过来了。还没等到被点名回答,学生们已经七嘴八舌地大喊出他们对达米亚和胡安提出的问题的看法:"虽然他们的标题很疯狂,但他们讲的是事实。""回想一下,就像某些'懒政'的老师。""真相很残酷,尤其当逼近真相的时候。"其他学生就学校文化、学校教育与实践活动以及城市地区教与学等相关问题提出自己的观点:"让你觉得没有人关心城市学生。""我可以比一些老师教得更好。"

所有上述观点以及接下来将要提到的观点都源于我们对乔纳森·科佐（2005）的《国家的耻辱：美国种族隔离教育制度的恢复》这本书的课堂阅读。学生们对科佐关于城市学校被贴上"失败"和"表现不佳"的标签感到非常震惊，就像他们看到了科佐如何借学生、教师和管理者之口描述"这里"（有色种族学生高度集中的表现欠佳的城市学校）和"那里"（白人学生占多数的贵族学校）一样。达米亚被这些章节标题深深地吸引又感到非常不安，这些标题揭示了来自贫困和工薪阶层的有色种族学生艰苦的学习条件，而胡安则对那些未能意识到学习是"有趣的、娱乐的、复杂的"教师感到愤怒。他甚至用"惩罚以让学生冷静"去告诫教师这种他们以为可以改善学生行为的方式是如何使学生更加沉默的。为了证明这一点，胡安引用《国家的耻辱》第一章的一段话："有人读过他关于孩子们边吃午饭边看动画片而画面却不断跳转的讨论那部分吗？孩子们因为画面跳转而感到很气愤，可有些老师就像……"（胡安打断了思绪，转而去读科佐文章中的一段话）"威胁孩子们，如果他们在等待下一部动画片的时候没有非常安静地坐在那里，就会受到严厉的惩罚。"（p.14）

为了尽可能地延长自己在讲台中央发言的时间，胡安想都没想，紧接着把所有人的注意力转移到科佐那本书的导言里关于双重教育系统的一篇文章上："在这段时期最让我伤心的只是，这些孩子对那个我成长的世界一无所知，而那个世界的孩子们对这些孩子是谁也没有丝毫的概念，甚至永远都不太可能了解他们。"（p.11）在他读完最后一句话"了解他们"之后，达米亚试图打断他，但是胡安想要分享更多的内容，他也确实这样做的。他让大家翻了几页，然后继续分享科佐的文章摘录："我认为你们应该去那些孩子们被孤立的情况最严重的学校，一次两次，三次四次，尽量确保你有时间仔细听孩子们的话。""我几乎总是发现孩子们比那些制定政策的专家能更可靠地告诉我们公立学校到底发生了什么。"（p.13）读到这儿胡安停了下来，简要地谈到成年人需要倾听、承认和尊重学生对学校教育的看法——学生认为他们自己需要学习什么，学生不同的学习方式，阻碍学生学习或证明自己的确是在学习的行为、因素和情境。

通过重申胡安关于尊重、承认和认可学生，尤其是那些易受学校、教师和学习支配的学生的论点，达米亚引出了自己的观点："尽一切努力来滋养学生的灵魂并支持他们去创造。"在她发言的时候，我迅速地观察了一下教室中的学生，注意到有的学生在纸上简短地记下自己的想法,于是我接着问还有没有学生想发言。丹尼尔(Daniel)毫不犹豫地抬头看着我,回应道:"我读着科佐这本书,听着大家发言,感觉就像,天哪,我们是生活在民主国家中吗?因为,如果我们生活在民主国家中,这些事情就不应该继续下去。在一个真正的民主国家,人们(他强调)会进行讨论,经过讨论得出的结果往往不会差。没有人不得不去那些资源差的学校。我们会享有跟其他学生一样多的权利。"凯伦(Karen)问道:"只是跟他们一样多的权利?你这是什么意思,只是跟他们一样?我希望你的意思是平等的权利。至于'其他学生',你指的是在富裕的白人学区里富裕的白人学生,还是别的什么学生?"

丹尼尔的看法,以及凯伦对他的看法提出的疑问,被我用录音笔记录下来:

凯伦:我理解得对吗,还是错了?

丹尼尔:你理解得不错。但我的观点是,我想知道民主在这里意味着什么。

达米亚:当我们实现了民主时,人们会一起工作,一起生活,甚至一起成长。我们不必就所有事情都达成一致,但我们应该互相尊重……愿意倾听别人的意见。

丹尼尔:在一个民主国家,我们不容忍仇恨或虐待他人的情况出现。

塞莉纳(Celina):我们在这个国家得到的不是民主。他们怎么说的来着?"民有、民治和民享"?嗯,对吧!

斯蒂芬(Stephen):姑娘,你知道那些只是大多数当权者说说而已,他们自己都不会去遵守。这就是为什么我同意(塞莉纳)我们没有民主这个说法。我们现在是在(停顿)假装民主,仿佛是一种我们想要你们所有人都相信的民主。这伤害了那些没有权力的人……那些贫穷的人、黑人、棕色皮肤的人和一部分白人。这是事实。也许这不是将民主作为一种制度,而是作为思想和价值观。[为了强调,他伸出手指]

瓦莱丽:你认为这间教室是民主的吗?实话实说。

达米亚:不是,因为我们拥有的力量和自由都是有限的!或许是一种对民主的尝试,因为它根植于……或者说可能根植于民主制。至少,在这个迷你的民主空间,你总是鼓励我们践行民主活动。

[学生笑了起来,一些人则摇摇头,对达米亚的看法表示反对。]

乔斯(Jose)：我们如何在一个更大的非民主结构,比如学校中,创造一个像这个班级一样的迷你民主空间?我们都知道这所学校是不民主的。民主是一种思想状态,还是我们能够真正生活在其中的东西?如果我们谈论实现民主,那就意味着必须改变游戏规则。

丹尼尔：有意思。学校中的一间教室是一个迷你的民主空间,而这所学校却不是。但现在我们在谈论民主。这是科佐直接提出的。他说有些人有一种教育理想,既能让他们看见什么是真实的,比如学生,又能让他们看见什么是现实的,比如学生的学习环境。我需要考虑得更深入一些。

达米亚：这意味着在你上的一些课程中,有的老师能发现并改正错误⋯⋯而有的老师只讲授错误的东西。前者对学生来说是公平的⋯⋯我想,那就是民主吧;而后者并不是这样,而且一直被学生诟病,我认为那就不是民主。你必须与学生一起工作、一起生活、一起成长才能拥有民主,或者至少要拥有朝向着民主的价值观。这就是我今天的想法。

［下课铃响了,所有人都离开了］

"你必须⋯⋯才能拥有民主"：课堂是民主参与的场所

上述交流之所以意义非凡,我认为主要原因有以下几点。首先,民主的概念是在没有任何提示的情况下被提出来的。正如我后来在达米亚文学作品的例子中所讨论的那样(下文),这不是第一次提及诸如"民主化"和"拥有民主"这样的说法。然而,丹尼尔对科佐文章的阅读和他对生活在一个民主国家中的意义的思考,特别是对有色种族学生正在面临教育不公平的现状的思考,使得全班更加深刻地思考民主与学校教育密不可分。在这种连接之下,学生巧妙地重新构建了传统意义上作为一种政治制度的民主,即能够让那些统治者或被统治者讨论人们为了所有学生、学校拥有合适的资源而采取、参与或践行的积极措施(丹尼尔的观点)。为了更广泛、更有影响力地实施积极措施(例如教育改革,保障学校资源,承认"讲授真理"的错误),人们一起工作、一起生活和一起成长的方式之间必须保持平衡(达米亚的建议)。否则,维持民主的努力将变成斯蒂芬所说的"假装民主⋯⋯(这)伤害了那些没有权力的人。"

在整个交流过程中,还提到其他同样引起争议的观点:一间教室在更大的体制结构中作为一个"迷你的民主空间"存在,错误的教学或讲授错误的东西(不民主)和正确的教学或讲授正确的东西(民主),关于拥有民主和(或)民主化的辩论——后者我称之为民主参与(见图3-1)。虽然在整个交流过程中"权力"一词只是被斯蒂芬提到两次,被达米亚提到一次,但其实它已经暗含在学生们"愿意倾听他人的意见""对人公平"和"与人们的意愿相左"等观点中了。毫无疑问,这种交流是高度个人化和政治性的,而且我认为,根据尼托和麦克多诺(Nieto & McDonough, 2011)的说法,它基于一定程度的批判意识,"涉及批判权力关系,质疑一个人关于现实的设想,并反思多重身份的复杂性"(p.366)。虽然尼托和麦克多诺讨论了关于职前教师培训的批判意识(参见 Freire, 1973),但我认为从年轻人的角度思考这种意识也是必要的,特别是那些在城市环境中上学的年轻人(Ginwright, 2010; Hill, 2009; Kinloch, 2010a; Vasudevan, 2009)。

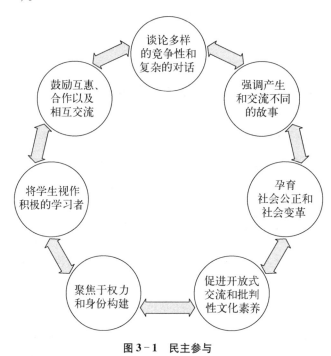

图3-1 民主参与

在本章的其余部分,我借鉴上述交流中产生的观点,仔细思索在常年高中的教与学活动中与学生一起进行民主参与(Kinloch, 2005)的想法。我将民主参与描述为一种论证其如何在课堂讨论和课程活动中实现的情境实践。有些学生接受实践民主参与的机会(Fishman,Lunsford,McGregor,& Otuteye,2005),而其他学生则被在课堂作业中(例如,在他们的文章、演讲和小组讨论中)实施民主的含义、原则和实践这种形式所困扰。正如拉丁裔学生罗莎(Rosa)在课堂上所说的,"这是一种全新的、奇怪的实践方式,在前面我们谈到了权力,说真的,听过大家的想法后,我觉得此刻我们必须做一个关于学校作业的决定,比如我们要写什么,展示什么,或者干脆放在地板上大家自己挑选一个部分去做,最后收回来。压力确实很大"。在我介绍英语课程中的另外两个场景时,我借用了罗莎的观点,即学生实践民主参与所带来的压力感。这些场景以达米亚的文学作品为中心,那是一篇关于兰斯顿·休斯的诗《疲惫的布鲁斯》("Rampersad",1995)的论文,一篇读后感和一篇关于科佐《国家的耻辱》的议论文范文。总而言之,就是达米亚的文学作品以及她的同伴对这些文学作品的回应,体现出在教室里支持民主参与的阻力和潜力。

民主参与在教与学中的情境实践

科佐的《国家的耻辱》激发了学生在英语课堂上对城市学校中的教学、学习、权力和民主等议题的热烈讨论。当学生们讨论这本书的摘录并努力理解科佐所描述的学校中不公平的教学条件时,他们已经融入到民主参与当中了(Kinloch,2005)。在情境实践中,需要将民主参与置于特定的环境中进行考量,比如社区内人们的生活条件、想法、历史以及人们之间的相互作用。也就是说,当课堂上学生对科佐提出的更宏大的论点进行质疑并进行自我反思的探究时,他们正在研究、探索他们最初所认定的民主社会情境中更宏大的教育意义。因此,塞莉纳和丹尼尔提出的评论分别是:"他们怎么说的来着?'民有、民治和民享'?""他说有些人有一种教育理想,既能让他们看见什么是真实的……又能让他们看见什么是现实的……"这些行为——批判性质疑、倾听、调查、回应和反思——都是对民主参与的实践。

此外,我认为民主参与的基础是"理想的教育,获得文化素养的价值观,以及(能够促进)人们在多元化互动空间中彼此对话及与其相互关联的创造性教学法"(Kinloch,2005,p.109)。民主参与旨在通过强调以下内容使得学校(和学术惯例)与社区(和当地实践)这两个特定领域保持一致:

1. 情境化、多元化和复杂化学习。
2. 协作学习。
3. 互惠学习。
4. 以相互尊重为基础学习。
5. 知识建构学习。
6. 积极或持续学习。
7. 参与式学习。
8. 民主学习。
9. 社会公平学习。
10. 以多元文化教育为基础学习。
11. 在公平教育的框架中学习。

为了确立这种学习结构,对学习者来说,认识到自身角色和身份的转变是至关重要的,即使他们已经占据了特定的位置。图3-2"学习者的不同位置"概述了多人(以及他们之间和之中)学习和以知识(例如信息、观点、历史、生活条件、文本证据)交流为中心的学习。这种关于学习和学习者的思考方式可以通过建设性的方式促进民主参与的发展。

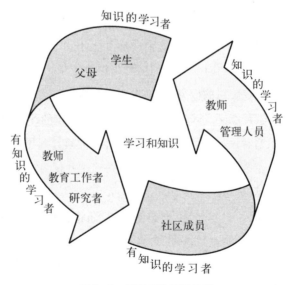

图3-2 学习者的不同位置

参与学习和民主之间明确关系的建立有助于提供一个教与学的框架,为学生参与协作意义建构、文本创作和社区建设挖掘更大的可能性。托尔和法恩(Torre & Fine,2006)将这种参与式学习形式描述为"民主与公平"的核心(p.269)。达林·哈蒙德(1996)将这种类型的学习称作"民主教育",因为"学生通过与他人相互交流并做出决策,逐渐理解多方观点,实际参与到多元化社区中去,进而(被赋予)获得社会理解"(p.6)。

通过这种方式,民主参与引出一种意识形态的文化素养模式,一种由社会情境(例如学校、社区和其他地方)和权力关系塑造的观念。教室中的民主参与依赖"对民主实践的理解",根据舒尔茨(Schultz,2009)的说法,这"取决于将课堂参与重新定义为一种通过听觉或视觉的形式,以话语或无言的方式融入式参与"(p.119)。这种形式对我如何理解多元化学习(见上文)以及一个生产方式不断被塑造或重塑、构建或重构的社区化民主尤为重要。在这里,我援引格林(2000)对民主的定义:

> 我们意识到,民主意味着一个社区始终处于发展之中。以人们互相团结、有共同的信仰、彼此间通过对话的形式解决问题为标志,社区必须对那些长期被排斥的新来者保持开放。这样的民主还可能发生在教室里,特别是当鼓励学生发出内心真实的声音,找到最真实的自己时。(p.39)

对教与学以及我的学生阅读科佐和其他作品的方式来说,这意味着什么?数不清的学生在他们的文学创作中巧妙地编入了民主参与的各个方面。他们质疑学校教育的意义,尤其当涉及"民主"和"民主化"的时候。学生们在一个有序的、具有支持性和互动性的教室环境中互相倾听。他们以协作的、民主的方式去阅读、诠释、打岔和撰写有关各种学校出资或自费购买的文学作品。从探索课程阅读材料的主旨,撰写诗歌表达个人的国家意识,与看起来不好相处的同伴合作,到通过歌曲创作和吉他演奏重塑作业的完成形式,学生会对自己的学习负起责任。只是有时他们承担责任的方式是沉默、对话和争论,甚至是罢课。

在上述能够反映民主参与的理想与为之奋斗的学习时刻,我试图去"肯定并重申以信仰公平、自由和尊重人权为中心的原则",因为正如格林所证实的那样,"不管有多冒险,没有这些原则,我们就无法呼吁欢迎和包容每一个人"(Greene,2000,p.43)。如果缺失这些措施和原则,我们的教与学活动就会缺乏民主,缺乏民主参与,缺乏在公平教学的框架中习得的知识。

实践中的民主参与

通过将民主参与理解为情景实践,我提供了分别代表协作学习和民主学习的两个特定课堂情景。在第一个情景中,我描述了达米亚如何通过仔细阅读、认真记录和展示兰斯顿·休斯的诗歌《疲惫的布鲁斯》,并从中提炼出更宏大的主题。第二个情景侧重于达米亚基于科佐《国家的耻辱》中提出的观点所撰写的读后感和议论文。在这两个情景中,当她与《疲惫的布鲁斯》(情景1)建立起连结,以及当她考虑使用一些方法去否定关于种族和学校隔离问题(情景2)时,我注意到她创造了一种我称之为"第二文本"的方式。第二文本是一个人意识流的写作文本,这种意识流与他当前写作、思考或谈论的主要文本、某位作者或调查的某一时刻看似有关,又好像完全脱节。

通常情况下,第二文本似乎不能证实一个人对写作主题的理解,因为它的内容通常被视为偏离了争论的主线。尽管如此,第二文本可以通过提供机会让学生将他们所知道的(来自学校或家庭的先验知识)与实际写作任务的成果联系起来,从而为学生提供深入理解并完成所要求的写作任务的方法。因此,第二文本是学生与写作主题或提示建立联系的实际突破口。下面描述的两个情景首先揭示出第二文本在学生的文化参与中的价值,而后展示了其在民主参与实践中的价值。

达米亚与民主学习:对《疲惫的布鲁斯》的热爱

达米亚是一位非洲裔美国女性,她优雅自持、温和友善、脚踏实地。她以喜欢创作诗歌和散文的读者和作家自居,醉心于通过书面和口头表达的形式运用语言。在对有色种族文学作家的课堂研究中,达米亚读了兰斯顿·休斯无数的诗作。她对"诗意用词""诗体""讽刺、拟人和隐喻"以及"整个《疲惫的布鲁斯》中的比喻性语言"都很着迷,达米亚说,"休斯表达了布鲁斯来自现实生活的灵感"。在题为《兰斯顿·休斯与布鲁斯》的文章中,达米亚专注于诗人对语言的运用,描绘出一个复杂的作家和叙述者的形象,他的作品不仅讲述"演唱一首布鲁斯歌曲,还表达了他灵魂深处所感受到的空虚、停滞和孤独感"。为关于后面这一点,她写道,休斯使用的象征性语言"代表了一个男人正在经历情感和精神上的痛苦,因为他在这个世界中感到孤独,这个男人或许是他自己,或许不是"。她继续说道:

当他说"把我的麻烦束之高阁"时,似乎他不想再感受这种孤独了,所以他把这些感受唱给别人听来舒缓自己。这样的语言给人一种深沉的忧郁感,仿佛他的布鲁斯不仅仅是一首曲子……从某种程度上来说……这首诗反映了当梦想不再是梦想,那些欣喜若狂的景象也不再是欣喜若狂的景象时所发生的事情……布鲁斯,就是黑人表达他们对世界的感受、惶恐和信仰的方式。

达米亚的文章一直在描述某个"感到孤独和悲伤"的人,将自己的情绪转向音乐来获得安慰。休斯的《疲惫的布鲁斯》让她与身份、斗争和坚持这样更宏大的主题建立起连结,成为她思考和写作的一次重要转变。有一次,她提到了疲倦不堪和痛苦不堪的布鲁斯。还有一次,她又创作了一首诗歌,或者称之为"第二文本",将她从《疲惫的布鲁斯》中感受到的痛苦与她从出生于却无法得到庇护的这个冷漠世界中感受到的恐惧联系起来。以下是达米亚的诗歌(第二文本)结尾的摘录。这首诗的标题是《我美丽的》:

> 我美丽的,如此美丽的美国
>
> 你何时变得如此腐败?
>
> 为什么?
>
> 是因为所谓的理想社会吗,
>
> 还是因为美国公民的声音
>
> 再无人聆听?
>
> 为什么你总对那些真正需要帮助的人置若罔闻?

在同一首诗的下文,达米亚对生活在一个不欢迎你、排斥你的地方(美国)意味着什么提出了质疑:

> 我本生于此,却为何含悲茹痛?
>
> 我百思不得其解。
>
> 或者说,在美国生活本就如此。
>
> 将来,我的孩子们未必会有更好的未来。
>
> 上帝啊,我的上帝啊,这是为什么?
>
> 为什么我们必须生活在几张卡片或小纸片就可以定义我们的世界中?
>
> 为什么每天早上醒来时总是担心有家人会莫名失踪?

我的出生是一个梦吗？

是我不适合这样的世界吗？

整首诗通篇讲述了达米亚对"更美好的世界"始终不渝的追求，在"更美好的世界"里，她的兄弟姐妹、儿女和其他无辜的人可以过上世外桃源般的生活，在思考和提出质疑的过程中，她向我们展示了她的描述性见解。然而，她承认，就像兰斯顿·休斯在他的很多诗歌中所表达的那样，"做一个美国人要付出很大代价"。

终于，达米亚的诗和文章接近尾声。她巧妙地让我们看到了她就休斯的《疲惫的布鲁斯》所写的文章和《我美丽的》这首诗之间的联系。在这个过程中，她承认自己想知道为什么大多数人不去反对痛苦、错误和不公正的行为。这一点让我想起了奥德丽·洛德（Audre Lorde，1980）曾呼吁人们将沉默转化为行动和语言这件事。达米亚的文章快要结束了：

我会在受到鼓舞、看到错误时发声，亦如兰斯顿·休斯的诗歌一样，鼓励为变革而创作。他希望人们直面现实，他希望人们了解他的想法。休斯的诗歌反映了一个男人，或者说作家或叙述者，他们拥有这样的天赋，也愿意与所有不同性别、处在不同年龄阶段、不同种族和年代的人分享这份天赋。他是一个传奇，终将流芳百世。

达米亚的文章至此结束！在我们的某次课上，达米亚站在所有人面前，努力引起他们的注意，而且，她做到了。然后，她概述了自己的文章，朗读了她的诗歌和第二文本的节选。通过这种方式，她主动为同学们打开一个反馈空间，让自己可以听听他人的意见。

达米亚的演讲一结束，学生们立即开始讨论交流，这也反映出一种协作、相互尊重、共同参与、民主参与的学习观点：

罗莎：姑娘，你说得太好了！（她强调道）

达米亚：谢谢。那你为什么觉得我说得好呢？

罗莎：你对这首诗的解读，你关注努力的方式，你的表述方式，比如"作家或叙述者"这样的话语，就像你把两个（立场）分开来一样。当你写下"疲惫"时，你表现出尊重。姑娘，是你勾起了我的思绪。

谢里夫：我也读了那首诗，却没有像你一样思考他是如何内化痛苦的。那些来源于日常生活中的、努力生存的、努力做好的痛苦，还有……为了成功而付出的努力。而你让我看到兰斯顿如何用歌唱和身体来表达痛苦。

达米亚：我可以借用这句话吗？我得夸夸你……"如何用歌唱和身体来表达痛苦。"我喜欢这句话。

谢里夫：当然可以，但你打算怎么用它呢？我觉得你应该写一首关于它的诗或把它放在你的文章中。你可以谈论黑人如何通过歌曲来表达痛苦……我们也可以做同样的事情。我们的身体也会疲惫。这是他（兰斯顿·休斯）的原话，然后，身体可以是帮助我们处理生活和痛苦的神殿。无论如何……

达米亚：我会引用你的话。也许你可以帮助我理解。

谢里夫：没问题。

罗莎：那一定很有深意。你们互相讨论，一起工作。很有意思。

迈克尔：我想说几句。我觉得你应该让这个作品系列更强大……为什么要加入你的诗？你的诗是如何与休斯的诗联系起来的？你说你是在写这篇文章之前写的这首诗。你可以反思一下你现在对这首诗的感受吗？……比如将你的想法和你的诗歌组合起来。

达米亚：请解释一下。

迈克尔：我的意思是兰斯顿让你想起你前阵子写这首诗的事情，而你记得你写这首诗的原因则是读了兰斯顿的诗后你陷入思考。我不知道用哪个词表达合适，意思就是你需要反思你的想法……解释一下你为什么把这首诗放在文章中……有没有人帮我解释一下。

帕特里夏：反思你的选择。你做事的原因是什么？不是吗，女士（看着我）？拜托，女士，你清楚那是（停顿）"民——主——"！

（她笑出声来，这激起一些学生略微偏离主题的行为。许多人开始高呼"民主——民主——"，好像他们忘记了达米亚还在演讲。达米亚对着我微笑，但我们都没有打断他们的"民主"参与。）

达米亚：我明白你的意思（与帕特里夏交谈）。我喜欢这个主意。

罗莎：那就好。

丹尼尔：罗莎要说的就是这些。

一些学生听了丹尼尔最后这句话笑了起来。达米亚则向大家致谢，然后回到自己的座位上,把目光投向那些正在讨论话题的人。谢里夫坐到达米亚旁边,他俩开始谈论"如何用歌唱和身体来表达痛苦"。学生们也开始谈论数学课留的家庭作业。课程结束了,学生们却没有一哄而散。

达米亚撰写的关于《疲惫的布鲁斯》的文章、她的作品《我美丽的》、她的演讲以及学生们的反馈都反映了将学习视作协作的、交互的、永不停歇的民主参与的各个方面。例如,正是她对《疲惫的布鲁斯》进行了仔细的、有目的的阅读和写作,罗莎才有机会说出达米亚采取的表达策略:"作家或叙述者……立场不同。"除此之外,达米亚积极的文本参与通过"写出关于如何用歌唱和身体来表达痛苦"帮助谢里夫认识到了"内化痛苦"的具体方式。接着当谢里夫邀请达米亚思考写作、变得疲惫和通过歌唱和身体来表达情绪之间的联系时,迈克尔也提出相关的建议,希望达米亚更明确地揭示"将你的想法和你的诗歌组合起来"(她的思考过程),用迈克尔的话说就是,"反思你的想法,解释一下你为什么把这首诗放在文章中"。在这个例子中,当迈克尔为了清晰起见要求某人解释他的想法时,学习的协作性质就凸显出来了。帕特里夏毫不犹豫地加入进来:"反思你的选择。你做事的原因是什么?"换句话说,学生们以元认知的方式(例如认知你的认知,反思你认知和行为的过程)推动了达米亚的思考。

因此,如果教育是我所推崇的民主,那么学生的声音、观点、对文字的阅读以及他们对不同角色(例如发言人、听众、评论者)的尝试应该是课堂的核心部分。同样的,帕特里夏关于民主的高呼以及随之而来的笑声和附和声也是关注和构建民主教育或教育民主化的一部分。

达米亚、民主和《国家的耻辱》

在达米亚撰写并展示了她的文章《兰斯顿·休斯和布鲁斯》近两个月后,学生阅读了科佐的《国家的耻辱》。如前文所述,学生们对整本书中所描述的学生学习的物质和教育条件感到愤怒。达米亚致力于表达她的想法:"当我们实现了民主时,人们会一起工作,一起生活,甚至一起成长。我们不必就所有事情都达成一致,但我们应该互相尊重……愿意倾听别人的意见。"她的观点在她关于科佐著作的各种文章中都有所体现,尤其是在她的回应文章、议论文综述以及她的讨论性评论中。

以《国家的耻辱》为主题进行课堂讨论的初期,达米亚承认她在犹豫是否读这本书。她在随笔中写道:"刚开始,我完全看不进去。""我不确定他是如何使用'种族隔离'这个词来谈论学校的。""在其他人讨论以黑人和西班牙裔为主的公立学校中的黑人和西班牙裔孩子的时候,我觉得自己被区别对待了。"其他学生也对这本书表现出类似的担忧。拉简是一位非洲裔美国男生,他对"人们对我们有负面看法,而那些人甚至不认识我们。就好像我们都是一样的,而他们是研究我们的专家。这让我感到不舒服。我希望科佐这个家伙停止这种行为。"拉简和达米亚的说话方式有一种能让班上大多数学生团结起来或者对他们的观点提出异议的魔力。而当有人对他们的观点提出异议时,拉简或达米亚会说:"请告诉我你在这本书的哪个部分看到的那个观点。我要证据。"而随着时间的推移,达米亚和拉简正如口头评论和书面评论所表明的那样,将最初对《国家的耻辱》一书的犹疑和猜想置于一旁,开始探索其更深层的含义。

在她的回应文章中,达米亚谈到她如何激励自己"继续阅读,而且我很高兴我做到了"。她写道:

> 我意识到这本书让很多鲜有人提及的话题浮出水面……他所提及的话题都是现实生活中的问题,比如公立学校的现实以及黑人和西班牙裔学生的自信和环境。科佐的目标受众是所有人,包括白人、黑人、西班牙裔、男性、女性、国会议员、教育委员会工作者以及任何想知道和了解公立学校真相的人。科佐关于这些话题的立场很简单:学校是否在践行自己的使命?学校是否向学生揭露了现实?

达米亚在这里做了一件有意思的事,将她关于科佐的"目标受众"和"关于这些话题的立场"的观点与第二文本的内容结合起来。与在关于兰斯顿·休斯的《疲惫的布鲁斯》一文中将自己的诗《我美丽的》作为第二文本不同,达米亚的回应文章中的第二文本针对种族和学校教育采用了完善而简短的评论形式。她说道:"例如,在第一章的开篇部分有一个场景,科佐在和一个叫潘艾普的女孩交流。那个女孩问他:'"其他人"是什么样的?'这表明黑人和西班牙裔的孩子在大多数的城市学校中很少在白人孩子面前出现。"达米亚引用科佐的话来支撑她的论点。她援引关于25至30年前隔离学校的一段话:"虽然成千上万的学校已经或正在实现自主或依法合并,但隔离仍然存在。"(p.18)达米亚在她文章中插入了科佐关于难以说服"年轻人当被一个不能确保他们可以在其中学习的社会隔离起来的时候,他们依然'可以学习'"的段落。她赞同他的观点:"我担心,这可能是一个国家传达给孩子们的最具毁灭性的信息之一。"(p.37)

这几段话以及她的回应即是她回应文章的第二文本。在这个第二文本中,达米亚提出这一点:

> 正如我现在所看到的,种族在隔离教育中扮演着重要角色。那些黑人和西班牙裔学生受到不公平的对待,他们也不太可能去那些以白人为主的学校。我想要改变这种状况。我申请了11所私立大学,所有大学的学生都以白人为主……因为我打算通过置身其中,通过近距离观察击溃这个系统。但无论如何,让我回到正题吧。

通过在她的文章中加入的这篇第二文本,达米亚分享了自己读到科佐所说的"其他人"和隔离学校时的心情——"我打算……击溃这个系统"。通过第二文本,她能够反思自己对民主化和采用民主参与元素的新立场。也就是说,从学校(学术惯例、回应文章、劝说性语言)到具体社区(隔离和排斥,特权和绿色通道,有缺陷的教育和政治制度),她通过实践表达了自己的积极立场并提出了方向:"我申请了11所私立大学。"与此同时,她通过第二文本的内容来支持自己文章的论点,紧接着她提出了总结性的思考:"我同意科佐的观点,是否学校董事会、纳税人、国会以及我们所有人在讨论学生应该是什么样子的,学生应该如何学习的话题时都无足轻重?"带着这种思考,达米亚写道:

> 他们(学生)在没有足够的资源或者说光线不足的学校上学时怎么学习知识?这难道不是在向学生发出一个残酷的信号,你可以来学校学习,但是这里却没有适当的资源吗?!怎么会有人说学生有发言权,学生本应该是积极的学习者,而不是在没有适当资源的情况下做这些事情。不如谈谈非民主化吧。

为了更充分地展示出达米亚对民主化的倾向,我在另一节课中要求每个学生独立地从科佐的书中选择一个段落。我没有让学生对自己所选择的段落发表感想,而是让他们将自己选择的段落与其他没有坐在他们旁边的学生交换。坐在教室后面的拉丁裔学生赫克托(Hector)走到达米亚身边,达米亚注意到他选择了一段相当长的段落,这段话出自"导言"部分。内容如下:

> 截至20世纪80年代末,我十年前曾短暂感受到的那种强烈的希冀已经很难找回了。在此期间,我访问的许多学校的情况似乎像20世纪60年代我在波士顿看到的情况那样严峻,有的甚至更糟糕。我访问了伊利诺伊州东圣

路易斯的一所高中,那里科研室里的实验站,甚至连接管道留下的空洞都能看到。一位与我交好的历史老师告诉我,这些房间冬天很冷,学生们不得不穿着外套上课,而其他教室里的孩子闷热得难以呼吸却无法降温。一年前发生了污水溢出事件,学校里大部分建筑都弥漫着难闻的气味,因此市里不得不关掉这所学校。

我也访问了新泽西州帕特森市和卡姆登市里灰暗的、令人不适的学校以及华盛顿特区、芝加哥、圣安东尼奥和辛辛那提类似的学校。我与布里奇波特市的老师、家长和他们的孩子们相处了一段时间,了解了那里的贫困、过度拥挤的公立学校以及孩子们的健康状况,他们中有很多人在城市公共住房里经历过铅中毒,这些都对我所访问的全黑人和西班牙裔社区造成了一种无言的绝望。(p.7)

达米亚在日记中称这部分描述"非常令人沮丧和悲伤",因为有些学生不得不在如此可怕的环境中上学。为此,她写下关于如何采取措施的文章,想搞清楚教师和管理人员正在做些什么,以引起人们对这些情况——"连接管道留下的空洞""房间冬天很冷""其他教室里的孩子闷热得难以呼吸却无法降温"的关注。她以一种批判性自我反思的方式写道:"这些让我很感激我在东哈勒姆所拥有的一切,尽管有些人可能认为它和新泽西州帕特森市和卡姆登市的学校一样糟糕。"通过自我反思,她证明了一点:"鉴于以上这些都发生在20世纪60年代和80年代,你可能会认为学校内部设施应该会有所改进。但实际情况是,这些学校并没有得到它们需要的切实关注。"

在学生们交换了自己所选的段落的几天后,我让他们与自己的同伴配对。达米亚和赫克托坐在一起,她问他对自己所选的段落有没有什么想法。该段落如下:

根据五年级老师的说法,当孩子们(南布朗克斯一所小学的学生)的阅读等级和国考分数被公布时,他们无时无刻不承受着羞辱,他们的焦虑感也会随之愈发强烈。正如类似(死记硬背的)课程的设计者和拥护者所要求的那样,"必须对学业表现差的学生进行惩罚",而在这种情况下的惩罚往往不是单独或私下进行的,而是当着所有其他同学的面,甚至是在学校大会上进行的。(p.73)

我看到赫克托慢慢地翻开他的笔记本,指着上面的文字让达米亚看。后来我了解到他只写了一小段话:

> 我不喜欢这种现实
>
> 这种令人难受的
>
> 不公正的
>
> 错误的
>
> 现实!

我在教室里来回走动,听各个小组讨论他们所选的段落。达米亚问赫克托:"你为什么写这个?"而我无意中听到了赫克托的回答:"这些故事让人沉默,就像瘫痪了一样。我去了这样的学校。我没有别的话要说了。"据我所知,至少对赫克托来说,这本书的节选分享和回应活动提出了那些他过去不想谈论的学校教育问题,在某种程度上可能让他不再发声。

从我们的许多课堂讨论、小组活动和个人演讲中,走出了许多像达米亚,甚至像赫克托一样为一丝曙光而奋力拼搏的学生:

维克托:什么样的社会才会眼看着学生在不安全的学校里上学而无动于衷?

赫克托:这些学校只是不安全吗?它们会直接危害你的健康和思想。

贾丝明:你想怎么学习科学……对着地上的空洞吗?还是今天坐在一个冻得要死的教室里,明天又坐在热得要命的教室里?

达米亚:是啊,什么样的社会才会让这些情况发生呢?

从上述维克托、赫克托、贾丝明和达米亚之间的交流,到科佐图书的段落交流,再到达米亚基于《国家的耻辱》一书思想的回应文章和议论文章,大家对城市社区中黑人学生和拉丁裔学生学校教育和环境的关注愈发强烈。例如,达米亚关于种族和学校教育的第二文本揭示了她对权力、权势和变革等问题的思考:"我申请了11所私立大学……因为我打算通过置身其中,通过近距离观察击溃这个系统。"她试图击溃的是一个结构不合理的系统,在这个系统中,城市地区有色种族学校与中产阶级学校和富裕白人社区学校判若云泥。这是一个让人痛苦的认知,许多老师因为担心学生会将其个人化而羞于在课堂上提及。但是,我认为在课堂上腾出时间和空间进行讨论和调查非常重要。通过关注学生协作、交流、参与式互动、写作和批判性思考,学生可以在对学校结构提出质疑时检验这些认识并践行民主参与。为了实现主动式学习,不再让学习被"否定、淹没或丢弃",这种教与学的方式不再受"促进和维持现状的知识生产、学习技能和主题"的限制(Haddix & Rojas,2011,p.122)。

达米亚的民主：暂无影响

想到我在常年高中学到的各种东西，看着学生们讨论社会政治的重大问题，听着他们再次通过敬语交流把原本松散的信念又紧紧握在手中，我接受了莱德森·比林斯（Ladson-Billings,1994）所说的"非洲裔美国人认为教育可以使他们的梦想成为现实。我由衷地相信，也希望，若我们敢于梦想，就能实现梦想"(p.143)。本章中提到的学生，从达米亚、丹尼尔、谢里夫、罗莎、迈克尔、凯伦、胡安、斯蒂芬、塞莉纳到其他许多人，都相信教育。然而，城市地区中无数有色种族学生所能接受到的学校教育实践以及学校这一现实阻碍了这种信念。的确，我们应该勇于梦想。在"做梦"的时候，我们必须努力改善所有学生的教学条件，必须记住不要抛开那些走进教室里学生的声音、生活条件、历史和文化素养。

毫无疑问，本章中所提到的教训，就像在我们各种各样的课堂上分享交流的一样，是针对环境和参与者的。然而，它们并非仅限于这一环境，只要重塑后能够满足学习目标和特定情形下的需要，这些教训适用于任何地方、任何教室与其他任何学习群体一同进行的民主化教与学的各个方面。一个人是否选择教授兰斯顿·休斯的诗集节选、乔纳森·科佐的《国家的耻辱》、托妮·莫里森的《最蓝的眼睛》(*The Bluest Eye*,1970)或其他许多规范的、流行的或者带图的文本(如图画小说、漫画)，都应该考虑到我们——学生和教师——在一面是协作、复杂、交互和民主，一面是痛苦、沉默和麻痹的学习体验下该对这些书本做何解读。

第四章

"你管谁叫作家?":说实话,
　是罗伯特和奥雷利亚诺

在我们上英语课的第一个星期,罗伯特(Robert)就用这六个简单而有力的字对我说:"你管谁叫作家?"他说这话的时候,整个房间都能感受到他的激动。我盯着他,他也盯着我。他在等我的反应,我在等他对"不想被称为作家"的详细解释。当我们两个人都不屈服于对方的目光时,奥雷利亚诺插话说:"是啊,你管谁叫作家?瓦莱丽小姐……是这样称呼你吗?我也不是作家,在这方面我也做的不多。"奥雷利亚诺从他那清脆的声音里,从他那迟缓的身体里,从他那齐肩的满头黑发里,从他那不时露出迷人微笑的嘴巴里说出这番话,重申罗伯特对被公众称为作家的抗拒。毫无疑问,罗伯特和奥雷利亚诺的观点是对我开场词的直接回应:我想要这门课成为一个"作家社区"。我解释说,在这个社区里,学生们会写很多东西,交流关于写作的想法,最终充分参与到修改过程中来。此时,其他学生也加入进来,表达了他们对我提出的这个建议的不满。当我询问他们的抵触程度时,罗伯特问:"我们当中有多少人认为自己是作家?"达米亚和凯伦把手伸到空中,达米亚回答说:"我是。"凯伦说:"我也是。""嗯,看来大多数人还是不赞同的。"奥雷利亚诺一边说,一边把头左右一摇。因此,"你管谁叫作家?"这句话在教室里几乎所有学生中都很流行。

当我反思这一特别的时刻,包括罗伯特、奥雷利亚诺和他们的同伴对"作家"这一标签的抗拒,以及达米亚和凯伦对自己是"作家"的认可时,不禁想到教育学者强调历史上非洲裔美国人作为读者和作家的存在(McHenry & Heath, 1994; McHenry, 2002; Fox, 1995/2009),"非洲裔美国人通过许多与'口语'特征最密切相关的形式,在很大程度上把他们的交流建立在写作和阅读的基础上"(p.436)。虽然我知道这些学术成果及其影响,但我仍然站在那里,一时不知所措。我实在沮丧,这门课有那么多学生——非洲裔美国人和拉丁裔美国人——完全拒绝这个标签。很快,我意识到他们的抵抗或许有重重原因。逐渐地,我了解到他们对被称为作家,甚至是读者的看法以及随之而来的紧张情绪的缘由。并不是他们不想当作家,而是他们中的许多人认为自己不具备成为作家所需的技能、学校教育和生活经历。

带着这些困惑,本章将就这门课程的学生对写作及作家的看法进行探讨,强调罗伯特、奥雷利亚诺和他们的许多同伴如何通过挖掘生活经历和开发学术才能重塑课堂和课程作业,从而打破他们不是作家的观念。为了展示他们的重构行为,我几乎只关注学生如何通过使用课外的物品和文本来重新想象或规划需要完成的作业。通过这种方式,学生们从他们已经熟悉的例子(自己的生活、流行文化、他们当地的社区)和从他们个人的角度重新解读课堂作业。我还特别介绍了罗伯特和奥雷利亚诺的作品选集(如诗歌、日记)和课堂专题(如口语表演、对作业的音乐解读等),展示他们在拒绝被贴上作家标签的情况下是如何体现作为作家的立场的。

首先,我将在这一章对论述阅读和写作对黑人的重要作用的文献进行讨论。这里引用的很多文献都强调从历史的视角,尤其是在奴隶制期间和奴隶制刚刚被废除之后,解读黑人获得文化素养的重要性。基于这些视角,我对当代黑人、拉丁人或拉丁裔学生在学校阅读和写作方面的困扰进行了思考(Ek,Machado-Casas,Sanchez & Smith,2011;Martinez-Roldan,2003)。此外,虽然有一些研究侧重于"在正规教育之外"从事写作的成年人(Gere,1994,p.76),但我认为关注发生在学校背景下的年轻人的写作同样重要。在对相关文献的简要讨论中,我列举了罗伯特、奥雷利亚诺和他们的同伴完成的课程项目,这些项目将学生定位为作家,他们因此必须拒绝承认那些不包括他们的历史、形象和多元化交际形式的作家形象。

我们是作家

历史上,黑人的阅读和写作与争取自由的斗争既有个体层面的联系(例如奴隶书写自己获得自由的经历),也有集体层面的联系(例如印有呼吁奴隶造反标语的政治小册子)。无数被奴役的黑人为获得文化素养而献出了自己的生命——被鞭打,被强奸,被绞死,被截去手指——而文化素养"是19世纪30年代关于奴隶制争论的核心"(Fox,1995/2009,p.121)。福克斯(Fox)说,面对这些阻碍,"非洲裔美国奴隶和自由人将提升文化素养作为改造他们的社区和国家的一种手段。他们的这一行为动摇了南方奴隶制的意识形态基础"(p.122)。这些"意识形态基础"(如奴隶制度、种族主义、农业劳动力减少等)逐渐受到抨击,因为越来越多的黑人开始获得文化素养,"把自己的经历写了下来"(Davis & Gates,1985,p.xxiii)。要想更好地理解白人对文化素养的保护和黑人对获得文化素养的渴求,我们只需要看看维西(Vesey)在南卡罗来纳州查尔斯顿的叛乱计划(1826),道格拉斯(Douglass,1845)的《弗雷德里克·道格拉斯的自传》(*Narrative of the Life of Frederick Douglass*),沃克(Walker,1848/1969)的《呼吁有色公民》(*Appeal to the Colored Citizen*)和南部关于禁止奴隶获得文化的立法。

佩里(Perry,2003)在对非洲裔美国人教育哲学的评判中强调理解文化素养的重要性,因为文化素养不仅与技能有关,而且与黑人对社区、教育、责任感和自由的培养有关。她写道:

> 虽然学习阅读是个人收获,但从根本上说,它是一种集体行为。对奴隶来说,文化素养不仅肯定了他们的个人自由,也肯定了他们作为一个群体的自由。一个有文化的人同样有义务教育别人。而学习和教学就像一枚硬币的两面,不可分割又彼此依存。文化素养不该是私有的,应该传递给其他人,传递给社区,与人共享。(p.14)

佩里的主张与福克斯(1995/2009)的主张相似,福克斯认为黑人在反对奴隶制和追求自由的辩论中,应该把文化作为个人和集体努力的目标(另见 Holt,1990;Royster,2000)。鉴于安德森(Anderson,1988)的论点——前奴隶重视"文化素养",并寻求"为自己及其子女提供有保证的教育"(p.5),这一点很值得注意。显然,文化素养——学习写作和阅读,并传递给他人的能力——的价值对美国黑人历史起着至关重要的作用。

其他关于作为读者和作家的黑人的研究强调了各种社会团体的兴起:解放时期出现的"自由人事务局"(Butchart,1980,2010;Fox,1995/2009);南北战争以来,作为黑人社区主要组成部分的黑人教堂、学院和大学(Brandt,2001;Du Bois,1903;Jordan,2011;Lincoln & Mamiya,1990;Sias & Moss,2011);世纪之交前后出现的黑人中产阶级文学俱乐部和社团(McHenry & Heath,1994)。根据他们的网站,自由人事务局"监督所有与难民和自由人有关的救济和教育活动,包括发放配给品、衣物和药品……并接管在前邦联、边境州、哥伦比亚特区和印度领土上被没收的土地或财产"。在福克斯看来,该局"专注于教育,而忽略了其他更为紧迫的政治问题(比如土地和选举权)"。他接着说:"作为这个国家第一个制度化的非洲裔美国人文化素养教育系统,自由人学校改变了文化素养在非洲裔美国人生活中所起的象征意义和实际作用"(pp.123-124)。

即使设有自由人事务局,我们也不能忽略美国黑人教堂"从被迫来到这块大陆"(Brandt,2001,p.111)以来对黑人的教育、文化和政治方向产生的巨大影响。布兰特(Brandt)写道,黑人教堂的众多目的之一是"为所有被奴役的或者自由的非洲裔美国人提供一个集会、教育和提升文化素养的场所",并从事"文化素养教学、学校的建造及人员配备"。(p.111)毫无疑问,在奴隶制合法化的过程中及之后,许多黑人珍惜任何可以获得或向其他人传授文化素养的机会。因此,我们可以说,除在家里、在秘密港口和秘密学校集会之外,黑人教堂,而非自由人事务局,才是这个国家第一个为黑人教育而建立的机构。

当然,黑人教堂并不是唯一重视阅读和写作的地方(关于黑人学院和大学文化传统的研究,见 Sias & Moss,2011)。伴随着文学俱乐部和社团的出现,麦克亨利和希思(McHenry & Heath,1994)描述了19世纪早期黑人的文学习惯、传统和价值观。他们问道:"那些选择集体写作和阅读,并相信自己的作品会启发他人,尤其是文学读者的非洲裔美国人呢?那些用他们对文学作品的解读来激励自己写作,并促使他们通过文学展现非洲裔美国人生活希望的人呢? 关于这些,我们一无所知。"(p.420)为了消除19世纪黑人中产阶级读者和作家组成文学社团和社会的经历,麦克亨利和希思呼吁用新的方式来看待文学和文化素养(如学院、大学),认为这样做有助于黑人"以更多的'声音'迈向有文化、有助于自我完善和推动社会正义"(p.420)的历史发展,这些"声音"包括但不限于他们的口头文化(参见 McHenry,2002;Fisher,2004;Lee,1992)。文学素养(如写作或阅读)的作用,文化素养(如读者或作家)的价值,以及提供学习文化机会的场所(如教堂、传统黑人学院和大学、文学俱乐部、全国有色人种促进会和其他协会等)代表了黑人对自由、公民权和教育的向往。

因此,在考虑美国黑人生活中的阅读和写作历史时,应将诸如自由人事务局这样非排他性的、受白人意识形态观点支配的机构与黑人在施行奴隶制期间及废除奴隶制之后个人和集体获得文化素养的努力放在同等重要的位置。这反映了黑人在既定教育背景内外为接受有意义和高质量的文化素养教育而进行的长期、复杂的斗争。此外,黑人在恐怖时期致力于学习文化的决心是对目前关于黑人,通常还包括有色种族,学业失败及其对教育不感兴趣的观点的有力反驳。"在学术课堂中将这些历史合法化,"福克斯(1995/2009)说,"对教师和学生有同样重要的影响。"(p.135)在与当代公立学校的学生一起工作时,这种合法化显得尤为重要,这些学生可能不容易被定位为读者和作家(如罗伯特、奥雷利亚诺),但是他们确实来自这样的血统。

回顾黑人作为读者和作家的历史,对我批评学生们不愿被称为作家是很重要的,至少在东哈勒姆区这所高中的英语课上是这样。这证明,黑人一向重视文化素养,甚至在与设法阻止他们获得文化素养的组织和行为做斗争时也是如此。我以这段历史来考察高中生对写作和作家的看法。通过这种方式,我提醒大家注意由学生完成的写作范文和课程项目,这些学生并不乐意把自己定义为作家,认为自己只是依靠熟悉的个人例子和现象来写作。

接纳作家的立场

在本章的余下部分,我将详细介绍罗伯特、奥雷利亚诺和罗莎的作品和表演。在对其进行介绍的过程中,重点阐释策略及其与常见事例的联系,希望能从他们对被称为作家的抗拒来揭示他们的写作立场。作者的立场,我指的是迪帕多、斯托姆和塞兰(DiPardo, Storms & Selland, 2011)所描述的"一种复杂的风格来传达立场或态度"(p.17)和"人的存在"(p.12)。换句话说,作家的立场可以理解为学生从事有意义的写作活动时的声音、动作、性情和态度。正如我在本章末尾所描述的那样,把罗伯特、奥雷利亚诺以及他们的同伴视为在表达写作立场的作家,意味着教师要愿意在课堂上为学生"维护他们的主体性和人性"创造空间(Fairbanks & Price-Dennis, 2011, p.144)。

你能跑多快? 奥雷利亚诺和罗莎以作家身份进行写作

我们离下课只有15分钟,罗莎和奥雷利亚诺需要介绍他们的写作项目。"你们准备好了吗?"我问他们。罗莎摇摇头,却轻声说了句"是的",奥雷利亚诺回答说:"如果你准备好了,我们可以开始吗?"我点点头,他站了起来。然后,我请学生们跟着奥雷利亚诺走。我们把所有的东西——书、书包和夹克——都留在教室里,然后沿着走廊跑到音乐室去做今天最后一场报告。音乐室相当宽敞,摆放着几乎你能想到的所有乐器。我有些惊讶,因为纽约市的许多公立高中已经没有音乐室了,更不用说音乐课程了。这真是太珍贵了。

当我们到达的时候,正在上课的学生在门口迎接我们,音乐老师瑞安(Ryan)先生邀请我们进去。大家坐在座位上,靠在墙上,或蹲在座位上。所有位置都坐满了人,熙熙攘攘。我的英语课和瑞安先生的音乐课的学生们似乎都不知道在他们面前将会发生什么。罗莎走向麦克风，奥雷利亚诺走向吉他，瑞安先生走向键盘。当他们像做热身运动一样调试完乐器后，表演正式开始。罗莎照着索引卡上的内容介绍道："我们已经讨论了作者如何写作和其他问题，比如写作的步骤或采用的方法。今天，我和大家分享一种不同的写作方式……瓦莱丽小姐说那是作曲，我说是写作。所以，我希望你们告诉我那是什么。"然后，她开始演唱三首原创歌曲，主题融合了爱、遗弃以及罗莎所说的在这个"不愿接受你本来面目"的世界里寻找自我。在每首歌开始之前，她都简要介绍一下自己与这首歌的联系。第一首是关于爱的歌，她看着索引卡读道："我们都想被爱。我希望我的父母和朋友爱我，尤其在困难到天都要塌下来的时候。"第二首是关于遗弃的歌，她引用了几周前我们学过的一首口语诗《凯莎和其他女孩的白日梦》（*Keisha and other girls who dream with their eyes open*）。她没有解释这首诗和她选择的主题"遗弃"的联系，反而读了起来："你看那道路上的墓碑/将现实与灵魂相连/离开诗的我将葬身于此""我用微笑来寻找快乐/尽管手上的伤口还在隐隐作痛/也不能将我击败"。最后，当罗莎唱第三首歌——关于寻找自我的时候，她解释道："我想前两首歌合在一起，就组成了这首歌。"

罗莎讲完话、唱完歌后，观众席上的学生们无一不为她鼓掌、欢呼或是吹口哨。罗莎后来告诉我，她"在生活中"从未得到过这样的反应。同学们都很支持她，一直待在教室里，直到表演结束。罗莎和奥雷利亚诺也一一解答了他们提出的问题："你们的灵感来自哪里？""那些歌曲是原创的吗，还是诗歌配音乐呢？""你们认为诗歌和音乐是一回事吗？""你们是怎么想到通过音乐解读阅读材料中的主题的？""还有人知道她那么会唱，他那么会弹吗？"那天音乐室里每个人的下一堂课都迟到了，我很乐意在学生们取回我们留在教室里的个人物品后为他们写请假条或干脆陪他们去下一堂课的教室。大家都离开后，我在学校找了个角落，做了实地笔记：

> 罗莎今天介绍了她的项目。她娇小的身体里藏着动听的声音，柔软而深情。她棒极了，奥雷利亚诺也棒极了。我很高兴看到奥雷利亚诺鼓励罗莎唱歌。他低声对她说："闭上你的眼睛，感受这些诗句。"当她这么做的时候，他也紧闭双眸，弹着吉他，仿佛明天不会到来一样。奥雷利亚诺吗？是奥雷利亚诺吗？那个坐在教室里的，没有给我看过一篇文章，声称厌恶写作，厌恶任何和写作沾边的东西的奥雷利亚诺，你简直太棒了！

尽管奥雷利亚诺没有足够的时间全面介绍他的项目，但他的项目与罗莎的项目直接相关。她唱歌，他弹吉他。在合作演出的过程中，他们就爱、遗弃和自我认同这三个主题达成一致，并由奥雷利亚诺牵头写下这些歌的歌词。当我要歌词的副本时，他告诉我他会"把它们整理干净"，并在周末之前给我。然而他并没有给我，我敢肯定，奥雷利亚诺不愿意给我歌词是因为他从不喜欢为了收到反馈或评价而交出任何书面作品。虽然我对他的吉他演奏欣喜若狂，但同样令我失望的是，他没有给我歌词，也没有任何解释。很显然，奥雷利亚诺对有机会进行写作感到惊讶，却回避把写作作品作为课程要求的一部分上交。事实上，他的行为，就像罗伯特的行为一样，反映了他对被要求去写作并提交书面作品的强烈抗拒。因此，"你管谁叫作家？"成了奥雷利亚诺的口头禅。

每次演讲或表演结束后，学生都要写一篇简短的反思，说明他们对演讲的感受、任何关于写作或对自我的看法以及任何在脑海中挥之不去的问题。第二天学生们上课时，他们还在不停地谈论罗莎和奥雷利亚诺在音乐教室里的表演。他们很高兴有机会回顾这次经历。因为当时时间不够了，奥雷利亚诺没有来得及谈论他在表演中的参与，所以我请他发言。他走上前来，读了一段感想：

> 音乐和写作与诗歌有什么关系？你是通过什么方式表达诗意的呢？音乐与诗歌可以组合，因为它可以用感觉通过音乐来描述你的思想。写音乐，首先要从节奏开始。诗歌同样可以从节奏开始。所谓节奏就是心跳。通过音乐，你知道了你是谁，你怎么样，你如何表达感情，你如何将灵魂投入其中（音乐和诗歌），你如何创造节奏，让它与你的感受产生共鸣，成为你的灵魂，与你融为一体。

乔斯问："所以你会写音乐和诗歌吗？"奥雷利亚诺回答说："是的，写歌词多些。"我问他："你是作家，对吗？"他回答说："绝对不是。我可以坐下吗？"尽管奥雷利亚诺退回到教室后面的座位上，学生们还是不断地向他提问。维克托想知道奥雷利亚诺对音乐作为一种自我表达工具的看法。丹尼尔询问奥雷利亚诺创作音乐的过程："你是把歌词写出来，画出来（奥雷利亚诺是一个非常倾向具象化的人），还是写乐谱？"拉简补充说"我喜欢心跳"，然后告诉大家，奥雷利亚诺和罗莎应该成为正式的巡回音乐组合。大家都笑了，但都表示同意。

下课后，奥雷利亚诺走到我面前，向我解释说，他是个作家，但不是我希望他成为的那种作家:"我写音乐。在身体中创造想法,让它自然而然地表达出来。并不是你所期望的写作。"我只是看着他,他尴尬地笑了笑,然后说:"你在等我的反思笔记。我把它们标出来了,在这里。"他把笔记递给我时我很惊讶,因为我得费尽口舌才能让奥雷利亚诺交出他的任何作品。我还没来得及感谢他,他就冲出了房间。罗莎和特里纳(Trina)在走廊里等他,我看到特里纳在看到他走向她时,脸上绽开了笑容。

奥雷利亚诺写歌词,看到了音乐和诗歌之间的联系,也明白节奏就是心跳。那么,为什么他会抗拒作家的立场,或者至少是抗拒其中的某些方面,尤其是当他已经表现出这种立场的时候?

"你没有告诉我是你写的,奥雷利亚诺!"

"金洛克博士,我昨天看到奥雷利亚诺在写日记。"我走进常年高中校长维罗尼卡·欧文斯女士的办公室时,她这样跟我说。她从椅子上站起来,走到我跟前说,奥雷利亚诺在学校待到晚上7点,一直在写我们班的作业。"他在写诗。"她说。以下是我与维罗尼卡,然后与奥雷利亚诺交流的实地笔记节选:

> 维罗尼卡似乎很兴奋地告诉我,奥雷利亚诺居然留在学校里写作业。她相信他已经越来越明白自己的重要性。她说这话的时候,我注意到她脸上露出灿烂的笑容,但我没有对此报以微笑,因为我不想让人觉得奥雷利亚诺是因为我才决定留下来写作业的。他是自发的,他留在学校,完成了课堂作业,应该受到表扬。维罗尼卡说,奥雷利亚诺喜欢讨论和辩论,已经习惯了他们要做的所有演讲。我没料到她会有他写的诗,她不但有,还给我看了。我扫了一眼,但我还是想看看奥雷利亚诺是否会亲自给我。我离开办公室去上课。奥雷利亚诺早就到了,我们交流起来:"我看到有人把诗交给了欧文斯女士,但我跟你讲,我也渴望得到它们。"(我)"如果你再多等一会儿,你就会看到我也给你准备了一份。"(奥雷利亚诺)"是我的错,我就是好奇。"(我)"看吧,我确实给你准备了。稳住!不要大惊失色哦!"(奥雷利亚诺)我们都笑了起来。其他人走进教室,我们开始上课。

虽然奥雷利亚诺不太情愿地把他的诗和我分享了,但他显然还在努力对抗自己的写作立场。正如他的诗《无题》("Untitled")所表现的那样,奥雷利亚诺知道如何表达自己的声音,知道如何在他的作品中展现人文因素和个人优势。

无 题

为什么要浪费我的时间

注视着

在我所爱的人面前

注视着

不求回报。

当我请他谈谈这首诗的深层含义时,奥雷利亚诺立刻提醒我,我们读过帕特·莫拉(Pat Mora)1986年所写的《初恋》("First Love")。在那首诗中,莫拉写到"棕色的眼睛""金色的蝴蝶""被注视"和"注视"。在《无题》中,奥雷利亚诺塑造了一个不同于莫拉版本的爱的形象,它不包括被"我爱的人"(奥雷利亚诺的原话)注视。他承认,在读完莫拉的诗后,他试图通过描写初恋来回应这首诗,这种初恋既没有回报你的爱,也没有"付出你任何心思,因为没有给你任何可以坚持的东西"。他将自己的《无题》与莫拉的《初恋》进行对比,让我很兴奋。

我还没来得及给出反馈,他就把注意力转向他的第二首诗《黑色情人节》("Black Valentine")上。他告诉我,他读过莫拉(1986a)的《边境小镇:1938》("Border Town:1938"),并被她对边境的关注所打动。她启发他"采取另一种边界"(奥雷利亚诺的话)来思考。我请奥雷利亚诺给全班同学朗诵《黑色情人节》,以便得到他们的反馈。此时,学生们正忙于同伴写作小组的工作——准备拿出一份已经提交打分或正在努力完成的文章草稿。在小组中,他们通过强调论点、目的、论据、反叙事以及交换修改意见,来相互描述自己的文章。这次同伴交流的目的是让学生更紧密地、有意地专注于一个他们觉得与之有联系的文章,并根据同伴的建议进行改进。每个小组负责:(1)讨论他们的作品;(2)创作一幅图画——一张图表,或一张地图等等——代表他们作品的主题;(3)与全班同学分享他们小组交流的重点,包括具体写作和修改目标。

我打断了大家的小组工作,问是否有人反对让奥雷利亚诺给全班同学朗诵他的一首诗。虽然原因各异,但每个人都很乐意:"让我们听听别人写了什么。""我正好需要休息一下,我那蹩脚的作品看得我头都大了。"奥雷利亚诺准备开始朗读《黑色情人节》,但他没有站起来,而是舒服地坐在椅子上。他端坐起来,向前倾着身子,头发垂到

脸的一侧。我想无论需要他做什么来转移人们对他的注意力,他都会去做。"这是《黑色情人节》。"他继续说道:

> 哦,黑色情人节,
>
> 这一天
>
> 是我一生中最孤独的一天。
>
> 它带来悲伤和痛苦。
>
> 始于刀刺,
>
> 令人发狂。
>
> 因为背叛,
>
> 我的生活,
>
> 我的生命,
>
> 痛苦不堪。
>
> 我不能忍受谎言,
>
> 比群鸟欢歌还让人烦恼,
>
> 他们在哭泣。
>
> 为什么这些人不能,
>
> 卸下伪装?
>
> 我的世界是悲伤的,我的世界即将结束。
>
> 这就是我的情人节,我就是这样开始的。
>
> 这就是我的情人节,每个人都是冷漠的。

奥雷利亚诺诵读完《黑色情人节》后,并没有立即抬起头来,而是问道:"有什么想法吗?"贾丝明第一个说:"他还说自己不是作家。"奥雷利亚诺插嘴说:"我不是!说说我的诗,别总说我是作家。"贾丝明不愿放弃自己的想法:"告诉我,你觉得什么样的人才是作家?"

奥雷利亚诺解释说,作家就是能够像帕特·莫拉、兰斯顿·休斯和帕勃罗·内鲁多(Pablo Nerudo)那样的人,"把字拼在一起就能产生奇妙的反应,让人们感受到凌驾于字面之上更多的意境"。我请他谈谈一个作家的立场,也就是说,为了使人们能够获取"更多的意境"而"把字拼在一起"时,一个作家会做什么,或者体现什么。讨厌的是,下课时间马上就要到了,奥雷利亚诺说:"下次有机会再谈吧。"他没想到的是"下次"很快就来了。

第二天,我让学生们回到前一天的话题:讨论一个作家的立场。自从上课以来,奥雷利亚诺的手第一次伸到空中,我让他发言。他说道:"我昨天晚上想了想,写了一些想法。"他拿出一张纸,读了一首他写的诗,题目是《绿火的杀戮》("green fire kills")。

> 我在他的眼里看到绿色的火焰。
> 我从他们的谎言中看到破绽。
> 他们的不幸带来悲哀。
> 有时没有未来。
> 血液在他的血管里涌动。
> 造成混乱,给他带来苦痛。
> 生命每时每刻都在闪烁。
> 爱情的力量令人迷惑。
>
> 绿火的杀戮,
> 　　它带走了你所有的傲慢。
> 绿火的杀戮,
> 　　它让你的内心毁于一旦。
> 绿火的杀戮,
> 　　用光蒙蔽你的双眼。
> 绿火的杀戮,
> 　　让你脑海中的所有想法都消失不见。

奥雷利亚诺说他想和全班同学分享《绿火的杀戮》,因为当他大声朗读时,会让他坚信自己不是作家,"我的押韵很勉强,前后不一致",也没有"足够的细节",继而发问:"在座的同学有谁知道我写的是什么吗?"奥雷利亚诺解释说,正因为如此,"我才不是作家,我只是把话写在纸上"。谈到作家的立场时,他说自己没有作家的立场:"我是在写作,但和作家不一样。你想知道我的立场吗?我也想知道。我通常在孤独或者抑郁时写作。如果这算是我的立场,那很好。不过我表示怀疑。"

贾丝明评论道:"你还是没说服我。为什么你害怕被称为作家?"令每个人惊讶的是,克里斯蒂娜承认:"真希望我有你一半好。我不喜欢你们中的一些人,因为你们没有理由装傻,做坏事,但你们却这样做了。就比如你,奥雷利亚诺。"达米亚盯着克里斯蒂娜,她的眼睛仿佛在说:"嘘!"克里斯蒂娜打断她的目光,转过身去。达米亚坚持自己的立场:"我是作家。我用语言来表达情感。作为一个作家,我知道自己有发言权,有存在感,这没有什么错。有时你可能一文不名,但有时你却在努力表达恰当的情绪。"

学生们继续争论什么才是作家的立场,或者说作家的立场意味着什么。正当他们竭力使奥雷利亚诺相信他是一个立场鲜明的作家时,奥雷利亚诺却竭力说服他们自己不是一个作家。我赞同达米亚的看法(如上所述),当我表达赞同的时候,罗伯特突然说道:"你什么时候能接受我们不是……我们不是作家!我们不是。"显然这是一场远未结束的辩论。

罗伯特的规则: 谁说的?

从罗伯特第一次重复这些话到现在,"我们不是作家"一直萦绕在我的脑海中。他在强调他和他的同伴都不是作家时为何如此怒不可遏呢?是阻止我试图改变他们对写作和作家的看法的一种策略吗?如果是这样,我不会上当。我知道美国从奴隶时代到解放时期关于黑人和棕色种族在教堂、秘密学堂、文学俱乐部和自由学校里阅读和写作的历史。我不可能让罗伯特、奥雷利亚诺和他们的同伴这么轻易地摆脱这个身份。

在我们的一次课上,我给大家发了节选自《马尔科姆·爱克斯自传:向亚历克斯·黑利诉说》(*The Autobiography of Malcolm X, As Told to Alex Haley* (1965/1992)中一些段落的影印本。虽然我们并不是要研究马尔科姆·爱克斯、民权运动抑或自传本身,但我觉得有必要让学生们探究一下马尔科姆·爱克斯对阅读和写作的观点,因为学生们多次提到"权力""骄傲"和"身份"。正如我猜想的那样,每个人都有话要说,罗伯特也不例外。我大声朗读了一段话:

> 我越来越沮丧,无法用写信来表述我想要表达的东西……在大街上,我一直是最能言善道的骗子——我说话的时候,总能引起别人的注意。但现在,试着写些简单的英语,我不仅不能表达我想表达的东西,甚至不能正常写作。如果我用俚语写作,用我说话的方式来写,听起来会是怎样的?比如:"看,爸爸,我要把你的外套给猫穿上,伊莱贾·穆罕默德——"(p.186)

罗伯特重复着这一句:"在大街上,我一直是最能言善道的骗子。"他承认道:"我不是一个骗子,只是一个善于表达的作词人。"这是一个重要的开始,为此,我不知等了多久。罗伯特承认自己是作词人,"一个善于表达的作词人",他说自己"欣赏马尔科姆的诚实。他首先拥有街头智慧"。我请罗伯特告诉我们,他所说的"一个善于表达的作词人"是什么意思。他回答说:"你认识拉基姆(Rakim)或 KRS-One 吗?那些家伙是作词人,或者叫抒情作家。他们不会开你妈妈的玩笑,他们努力让你知道真相。"

我很清楚罗伯特引用的例子——拉基姆或 KRS-One,也同意他对"一个善于表达的作词人"的描述,即通过传递强有力的信息来讲述真相。然而,我想了解的不限于这些,于是我接着问:"罗伯特,那你认为呢?你为什么说你是个善于表达的作词人呢?"他艰难地回答说:"瓦莱丽小姐,你根本没必要问我这个问题。你看到我的作品了……我是如何描绘这一场景的。前几天你也听到我在饶舌(韵唱、说唱)。我也拥有拉基姆或 KRS-One 那样的技能。"

即使他之前拒绝成为作家或写作,但"你看到我的作品了""我画了一幅画""前几天……饶舌"不就是他的作家立场吗?这不就是罗伯特对一个囊括了激情、声音和人类存在的作家立场的描述吗?在我说服罗伯特之前,阿巴纳(Abana)举手要求读下一段。"请吧。"我说,当然我很清楚我对罗伯特关于作家和写作的看法还没有问完。

阿巴纳读了《马尔科姆·爱克斯自传》中的一段话:

> 我发现我能做的最好的事情就是找一本词典——学习,学一些单词。我也很幸运地认识到我同样应该努力提高我的书法。但令人伤心的是,我甚至写不好一条直线。正是这两个想法结合在一起,促使我向诺福克监狱殖民地学校要了一本词典、一些便笺簿和几支铅笔。(p.187)

因为塞莉纳和帕特里夏并肩坐在一起有说有笑,我无法分辨是他俩谁在说"一本词典?真敬业"。我的实地笔记中提到,有的学生在点头,有的在摇头,另一些学生则随声附和:"真深奥。""嗯嗯。""千真万确!"大多数学生表示,他们以前读过这本传记的部分内容,也看过斯派克·李(Spike Lee)根据其改编的电影。不过,他们仍被马尔科姆·爱克斯的顽强精神所吸引,用阿巴纳的话说,"他太猛了,从词典上学文化。谁会这么做?"奥雷利亚诺插了一句:"一个绝望的人。"帕特里夏说:"十倍强度的自学。这在任何学校都是不可能的。"

我试图强调马尔科姆·爱克斯是一个读者和作家,他不允许自己被环境击败——坐牢,无法接受学校教育。罗伯特总结说:"他没有成为街头生活的受害者。当他被关起来的时候,他知道自己必须做什么。"罗伯特强调:"找一本词典""不能表达我想表达的东西"和"甚至不能正常写作"。他最后说:"这就是我要说的。"

时间到了,下课。

"你管谁叫作家?"重新审视

几节课后,罗伯特走到我面前说:"我还在想马尔科姆·爱克斯先生与他阅读和写作的事情。"我看着他,回答说:"请讲。"我看得出罗伯特还想说些什么,他一脸的好奇和认真。"昨天晚上,我写了这个……"他把一张纸推到我面前,让我看。学生们开始大声说话,可能是因为克里斯蒂娜的滑稽动作(见第五章)让他们感到厌烦,或许是因为他们对即将到来的课堂练习感到压力。罗伯特伸手去拿那张纸,似乎要拿回去。"不,你不能拿回去,已经晚了。"我飞快地瞥了一眼罗伯特的作品,又一言不发地还给他。他知道我想让他给全班同学读读他的作品。

过了一会儿,罗伯特问大家是否愿意看他写的回应和关于爱的随笔。大家没有表示反对,罗伯特便开始朗读:

> 写作是收集和记录资料以便众人解读。写作是以一种可以被人读或听的形式集合的思想和观点,可以得到反馈或引起争论。(他的随笔)爱是一种由无条件的联结组成的情感。爱是两件事或两个人之间的一种联系,这种联系比其他任何东西都要强大。爱是一种很难理解的情感,因为它经常被许多人误解。在这一点上,我对爱的了解是短暂的,因为我自己并没有真正理解它。

卡莉玛第一个回应道:"嘻哈先生,你为什么这么感性?他一定是恋爱了。"罗伯特反驳道:"我没有恋爱,只是在尝试一种新的写作方式——我想写一些我通常想不到的东西……我还写过嘻哈音乐呢。"他的回答把每个人都逗笑了。卡莉玛快速地点了点头,仿佛她知道罗伯特随身带着一份原创的嘻哈音乐作品。

"虽然并没有联系,"罗伯特分享道,"但如果你们不介意的话,我也愿意和大家分享这份嘻哈作品。"尽管罗伯特没有和我分享过这份作品,但我很想听听:

> 如果学生们对一些歌词的诠释可以获得更深层次的意义,那就有可能在课堂上教授嘻哈音乐。嘻哈音乐可以被证明是促进师生关系的宝贵资源。如果老师和学生听同样的音乐,我相信老师会把学生的信仰和观点与歌曲中

所描绘的思想联系起来。一旦建立起这种联系，就更容易了解学生需要做哪些功课。就学生的社交礼仪、思想观念和行为习惯培养来看，如果学生认为老师不仅是为了管教他们，而是为了向他们学习，学生就会自我反省，更加尊重老师和他们的权威地位。学生会对学习产生兴趣，从而建立一种健康的师生关系。

罗伯特在朗读上述段落时非常投入，慷慨激昂，听起来像是在用唱歌和说唱结合的方式传达他所要表达的观点。一些学生评论道："这是谁写的？""你是从别人那里抄来的吗？"达米亚看着罗伯特说："深奥啊。"然后转向其他同学说："下次有人朗读时，请保持安静。"为了不让潜在的争论浮出水面，我插嘴说："谈谈吧，罗伯特。聊聊你是怎么想的。"

罗伯特解释说，自从我们仔细学习了《马尔科姆·爱克斯自传》的节选后，他一直在反思自己的阅读和写作水平。在这个过程中，他开始认识到自己表达思想所依赖的各种写作形式或体裁："有时是随便想到的一句话，有时是一首诗、一段话、一篇文章，但大多数还是说唱词或嘻哈词。"在接下来的几分钟里，罗伯特沉浸在他作为文字大师的新成就中，他用"文字大师"这个词来形容他的抒情能力和用词的选择，但他还是拒绝了我的赞美"你是一位出色的作家"，这显然是"文字大师"的一个特质。而我对他的拒绝并不感到意外。

又过了几节课，罗伯特才回到《马尔科姆·爱克斯自传》的节选上。那天的情景使我记忆犹新。罗伯特伏在笔记本前，克里斯蒂娜在和斯蒂芬调情（见第五章），达米亚和阿巴纳在谈论他们的数字社区项目（每个人都被要求用数字形式记录他们社区的各个方面，完成相关的写作任务和相关的课堂演示）。通常在每节课的最后7到10分钟里，我会给学生留出"反驳"时间——让学生提出与课程阅读、写作、项目和讨论相关的问题、想法或建议。在一个每天见面不到50分钟的课堂上，这并不是总能实现的。大多数时候，我们的"反驳"都被挤到最后3分钟。然而这一天，罗伯特问道："有什么想说的吗？"尽管我没有计划这个环节，而且课程的进度已经落后了，但我还是表示欢迎："当然。"

罗伯特、奥雷利亚诺、拉简和玛丽安娜坐在一起，罗伯特说："我先说说吧。你认为马尔科姆·爱克斯先生和今天有什么联系吗？比如嘻哈文化？"我没搞清楚他在说什么，所以我请他详细说明。罗伯特察觉到在他旁边的录音机，说他并不是想把马尔科

姆·爱克斯和嘻哈乐混为一谈或对立起来,但他确实注意到一些相似之处:

> 马尔科姆·爱克斯入狱后审视了自己的处境,意识到自己需要做些什么来改变这种状况。在监狱里,他决定重新审视他的一生。他转向教育,想办法读书和写作。我们中的许多人可能没有被关在有形的监狱里,但是被困在精神的监狱里,看不到逃脱的希望。有时候你能做的就是通过说唱和嘻哈来发泄你的沮丧。马尔科姆·爱克斯先生掌控了自己的处境,学会了读书和写作。正如我们中的一些人通过音乐、说唱和韵唱来搞清楚状况,而不是放纵。

显然,罗伯特正在试图理解更宏大的议题,这些议题不仅出现在《马尔科姆·爱克斯自传》的节选中,也出现在嘻哈和说唱音乐中。在我看来,他是在思考自己的人生选择、决定和"监狱"。他被《马尔科姆·爱克斯自传》中的观点所吸引,认为这是一种坚持自己信念的方式,即人们不必屈服于周围的坏事或错误,但为了不"被困在精神(监狱)中",他们可以克服某些特殊情况。这一段话展示了罗伯特强大的演说能力——他富有情感的演讲唤起了他的同伴和我的情感共鸣,他知道什么时候使用语调的抑扬变化——这也代表了他的思想的深度,以及在两个看似对立的事物之间寻找联系的能力(例如马尔科姆·爱克斯和他的自学,嘻哈文化与"说唱和韵唱")。

就像我们之前的课程一样,时间不允许我们完全理解罗伯特的观点。如果达米亚没有问罗伯特"你打算什么时候继续探讨这个话题",这件事情也许就此结束了。罗伯特看着我,我说:"明天,对吧,罗伯特?"他只是看着我,走出了房间。

第二天到了。课程从罗伯特的作品讨论开始,这是一首嘻哈唱词,他把它命名为《〈想象〉的再想象》。他的作品聚焦于斯努普·道格(Snoop Dogg)的热门歌曲《想象》("Imagine")。罗伯特在他的反思文章中解释道:"选择这首歌是因为它可以表达出我们社区很多人的想法。这首歌是关于说唱和嘻哈如何改变生活的。我相信嘻哈音乐可以成为许多年轻人的礼物,帮助他们了解自己的现状。"罗伯特谈到,斯努普的歌曲是如何挑战听众,让他们尝试想象如果没有说唱和嘻哈艺术家的贡献,比如"拉塞尔·西蒙斯(Russell Simmons)、德雷博士(Dr. Dre)、埃里克·林恩赖特(Eazy-E)、'声名狼藉先生'(Biggie)、图派克(Tupac)和其他重量级人物,黑人的音乐和生活会是什么样的"。为了模仿这些"重量级人物"的语言艺术,罗伯特与全班同学分享了他的作品《〈想象〉的再想象》。达米亚说:"他要饶舌了。"下面是罗伯特的作品:

《想象》的再想象

看看我的经历,
一片狼藉,可有意义?
想象一下21世纪,没有一首嘻哈热门歌曲。
你能否想象这样的生活,没有热门歌曲,一片狼藉,
没有人来监管?
……
你在喝葡萄汽水时听了多少张光盘?
花了多少时间争论谁会是下一个霍瓦(Hova)?
看看我,一个17岁的黑人男孩,
如果你告诉我嘻哈音乐从此绝迹,
不如说黑人男性从此退出历史舞台。
我听了几百首歌曲,
为了买唱片花光了我的积蓄。
嘻哈音乐确实教会我很多东西,像是如何脱帽致意。
你看,嘻哈音乐从未改变,
我老爹那时代就已出现。
你看,过去它像锁链,
如今,它像钻石一样璀璨。
他们仍然在饶舌白人肤色,
最荒唐的是,所有的年轻人都在听着,
三岁孩童发现那是他最爱的歌。
你知道那个衣装嵌着钻石的花言巧语的人,
似乎编织了所有的谎言。
问问这个孩子谁是主和救主,
他会回答:"我不知道,别再表现得像个仇恨者。"
虽然嘻哈音乐并非完美无缺,但于我而言仍是至高无上。

在同一首歌里,你会同时听到"黑势力"和"我要得到你,姑娘"。

老人们说那是魔鬼救赎的情话,
吹嘘、偷窃、色诱、谋杀。

你看吧,吃完奶奶的午餐后我打开音乐,
她悠悠地说,关掉那些该死的脏话。
你看吧,嘻哈音乐是我脑海中的浪花。
我说的话,走路的步伐,
你可以从我的表现看出,纽约对我的影响。
有趣的是,很多人听了这些歌,最后却犯了法。
尽管如此,告诉我从此没有嘻哈,
就像拿刀朝我心口一扎。

说实话,是罗伯特和奥雷利亚诺

奥雷利亚诺、罗莎、罗伯特和他们的同伴在写作、作家立场和不同的交流方式(如唱歌、弹吉他、批判性的自我反省、演讲和写作、反驳)方面教给了我们什么?教师和教师教育者如何在他们的课堂和教学实践中创造机会,让学生在写作中理解其形式、功能和目的?是什么使学生成为作家,又是什么使学生坚信他/她是作家或不是作家?教师和教师教育者可以通过什么方式利用黑人和棕色人种作为作家和读者的历史,为我们与学生在进行批判式互动时提供借鉴?在做这项工作的过程中,教师和教师教育者需要具备什么,才能使他们有勇气坚持让学生拒绝那些将他们自己排除在外的作家和读者的形象?

在本章中,我展示了各种各样的例子,展示了学生如何作为作家,如何写作,甚至如何抗拒"作家"的称号。本章存在的薄弱点之一可能是,我没有直接说明学生通过他们的生活经验和尚未开发的学术才能来重塑课堂和课程作业的方式。虽然我可能没有明确表达他们是如何重构课堂以及我们如何就课程材料进行协商的,但我相信这些例子足以证明他们所做的事情:基于熟悉的例子(例如音乐天赋、课堂以外的作品等等),重新解读课程作业,要求"反驳"的时间,走出教室进入音乐室,要求学生互相尊重,尤其是在演示的时候,以及表达他们作家的立场。总之,这些经历表明,不管多么不情愿,多么厌恶,学生们已经打破了自己不是作家的执念。

邀请学生通过作业去体验,将个人生活和观点融入写作,并在同伴面前谈论他们的想法,这些都是很重要的。正如上一章《达米亚的民主》探讨了学生在教与学中对民主参与的抗拒,本章探讨了学生们对写作和被贴上"作家"标签的抗拒。在下一章《为克里斯蒂娜哭泣》中,我批判了类似的观点,将人们的注意力吸引到学校权力文化的现状及其对学生学业准备、疏离感和错误传达的影响中。

第五章

为克里斯蒂娜哭泣

"早上好,老师,你今天真漂亮。"在这个寻常的周一早晨,克里斯蒂娜走进教室跟我打招呼,她低着头看向地板,以免跟我对视。每当她摆出这种姿势时——低着头,噘起嘴唇,双手紧紧地抓着书——我就知道还有更多的事情要发生,而不仅仅是简单而亲切的"早上好"。我可不知道她接下来会做什么。因此,在这种情况下,就像故意要打断她的下一步动作似的,我回答道:"嗨,克里斯蒂娜。你好吗?"

克里斯蒂娜是一名瘦弱的非洲裔牙买加学生,体重43公斤,很娇小,只有135厘米高。每当她在课堂上发言,特别是疯狂地向空中挥手示意,或多次不合时宜地大发雷霆之后,她都会语速加快,并对任何胆敢要她重复一遍的人说:"你们要认真听,因为我只说这一次。"她很清楚说什么会让别人不高兴或者挑起一些离题的争论,比如有关于班上或学校里的任何人、阅读材料里的主题以及她自己的爱情生活。举个例子(来自我的音频笔记本):

克里斯蒂娜:你们都知道我的男人很可爱,请不要嫉妒。

奥雷利亚诺:这跟阅读有什么关系,姑娘?

克里斯蒂娜:阅读材料是不是关于自我认同的?[每个人都盯着她,等待她的理由]对吧,我认定你们都是嫉妒的"b"们[她用"b"代替她想说的脏话]。很抱歉冒犯了你,女士,但我只是说出我看到的而已。我认定我的男人很可爱,也认定你们所有女孩都是嫉妒的"b"(她发出嗡嗡的声音,像只恼人的蜜蜂)。

詹妮弗(Jennifer):克里斯蒂娜,请回到正题!

克里斯蒂娜:说到正题……你们都嫉妒我的爱情生活和我可爱的白马王子斯蒂芬(她的"男朋友"),不是吗?

斯蒂芬没有回应克里斯蒂娜。事实上,他甚至都没有看她。大多数情况下,每个人都试图和她"反驳"(Kinloch, 2009),他们正是这么做的,"反驳"的声音越来越多。

随着声音越来越大,大家的脾气也变得暴躁起来。克里斯蒂娜成功地把课堂上的阅读讨论变成了对自我的关注。这是她经常做的事,有时会成功,有时不会。这次是她成功的时刻之一。另一次是在那个星期一,克里斯蒂娜低着头走进教室,我断定她肯定在盘算着什么。

那个星期一早上,克里斯蒂娜走进教室,跟我打招呼,把书从她的桌子上扒拉下来,径直走到教室后面斯蒂芬旁边。斯蒂芬是个18岁的非洲裔美国男孩,正在他和同伴一起说笑,克里斯蒂娜打断了他:她跳到斯蒂芬的腿上,伸出胳膊搂住他的脖子,戏剧性地吻了他的嘴唇,然后在他的左右脸颊各吻一下。最后她对斯蒂芬说:"嗨,嘘。"斯蒂芬坐在那里,脸上带着极度震惊的表情,身体僵硬,一动不动。他并没有任何带有爱意的回应,既没有问候她,也不看她的眼睛,但她似乎并不介意。"你们都知道这是我的男朋友,所以不要惊讶。我得到了你们得不到的爱。"没有人对她的滑稽动作做出反应,她说:"我走了,以后再聊。"她把身子从他身上挪开,仿佛什么克里斯蒂娜的滑稽动作——我和学生们都这么称呼——压根没发生似的,斯蒂芬回到他正在和同学们交谈的话题上。我盯着他,好像在问:"你没有感觉到克里斯蒂娜坐在你腿上吗?你没有感觉到她在吻你的嘴唇和脸颊吗?你没有感到被侵犯吗?你不认为你和她的丑行有关系吗?"他看了看我,耸了耸肩,然后转向他的同伴。同样,克里斯蒂娜没有错过任何一个细节。她双手搭在屁股上走到我面前说:"打扰了老师,但有时你必须做你应该做的。不管怎样,这是我的作业,好吗?我付出了很多努力,所以你必须打'A'。"

这就是第五章《为克里斯蒂娜哭泣》的开始。

谁在哭泣

克里斯蒂娜从斯蒂芬的膝盖上跳下来,走近我,我站在那里,目光在克里斯蒂娜和斯蒂芬之间来回移动。正当我考虑下一步的行动时,我注意到一些学生正坐在椅子上和附近的同学聊天,而另一些则快速地走进教室。再过30秒(现在是29、28、27……)就要上课了,但我必须纠正克里斯蒂娜的行为,所以我请她和我一起到走廊上。我不记得我和克里斯蒂娜在那个周一早上确切的谈话内容,因为在走廊里,我们谈了很多,时而谈论她的行为,时而讨论她对其他同学的评价,或者只是盯着对方酝酿下一句要说的话。虽然我可以写一整章"克里斯蒂娜的滑稽动作",但我觉得更有趣的是她的评论:"不管怎样,这是我的作业,好吗?我付出了很多努力,所以你必须打'A'。"这句话是我围绕克里斯蒂娜(以及她的同伴)的文化参与、性格、学术和个人奋斗提出的问题和讨论的基础。

为了深入探究、批判性地思考以及了解学生的文化参与,这一章提出了以下问题:克里斯蒂娜和她的同伴以何种方式形成并践行文化身份?这些身份是如何掩盖和揭示学术、个人和社会斗争的?为批判学校和整个社会的"权力文化"(Delpit,1996,2005),学生们有哪些具体的方法来实现关于技能、过程和选择的对话?对人们(例如学生和老师)和实践(例如教与学)来说,这项工作——文化身份表现、实现对话、权力质问——会有什么影响?

带着这些问题,这一章简要回顾了德尔皮对"别人家的孩子"和"权力文化"的讨论,这并不是为了重温长期以来关于技能与过程的争论,而是为了深入思考城市课堂中一些有色种族学生所经历的权力、错误传达和疏离感等更深层次的问题。因此,我提供了两个相互关联的主题场景,重点关注克里斯蒂娜和她的同伴的学术现状和个人奋斗。首先,我关注学生的阅读和写作活动的例子,这些活动支持或反对克里斯蒂娜的信念,即仅仅完成功课就应该得 A。然后,我描述了几种学生参与的形式以及对学校和学校教育的倾向(立场、态度和阻力),这些都在课堂上上演,并反映出其他学生的文化参与。总之,本章所列举的例子,通过突显权力和疏离感的形式,设法解决课堂上的学术和社会冲突。

权力和别人家的孩子

在《别人家的孩子:课堂上的文化冲突》(*Other People's Children: Cultural Conflic*)一书中,德尔皮(1996,2005)讨论了各种各样的话题:从语言多样性、多元文化主义与教育、教学的政治启示、学习文学论述,到从巴布亚新几内亚学到的教育、政治和文化方面的经验。她还讨论了如何向有色种族学生讲授写作课程的一些具有争议的观点,比如运用以技能为导向还是以过程为导向的教学方法。她认为,通过这种方式对权力文化进行明确的讨论和拷问,有可能解决一些更宏大的问题,包括一些学生在课堂上经历的疏离、错误表达和沉默。"自由教育运动与非白人、非中产阶级教师和社区之间的分裂"(p.24)加剧了这些矛盾,一个解决的办法是承认权力以及权力能

够刺激或阻碍公平、民主的教育实践方式。因此,德尔皮界定了权力,并提出权力文化由五个部分组成:

1. 权力问题是在课堂上发生的。
2. 参与权力有一定的准则或规则,也就是说,存在一种"权力文化"。
3. 权力文化的规则反映了那些掌权者的文化规则。
4. 如果你还不是权力文化的参与者,明确告知你权力文化的规则会让你更容易获得权力。
5. 那些拥有权力的人往往最不了解或最不愿意承认权力文化的存在。权力较小的人往往最清楚权力的存在。(p.24)

就学校而言,德尔皮提到的关于权力文化的上述观点表明白人和经济特权阶层(如中上层阶级)学生的文化资本如何反映了教育系统的价值观、实践和教学方式。关于后一点,她认为:"学校、工作场所等机构的成功,建立在对掌权者文化的习得上……学校文化建立在上层阶级和中产阶级,即掌权者的文化的基础上"(p.25)。这种论断,尤其是对许多有色种族学生以及来自穷人和工人阶级背景的学生而言,往往会在一个人如何融入、归属以及认同学校和非学校环境中的价值观之间造成一种紧张关系。例如,吉拉德(Gilyard,1991)在他的自传或民族志《自我的声音》(*Voices of the Self*)一书中,分析了非洲裔美国学生经常被迫在学校和当地社区看似冲突的环境中就语言和文化身份进行谈判的方式。他写道:"我常常在不同制度和不同价值体系之间左右为难。有时学校的吸引力更大,有时街道是一个更为强大的诱惑。"在这个例子中,他开始意识到"学校和街道之间没有中间地带,或者更准确地说,没有任何像我这样的异类可以聚集的地带"(p.160)。

毫无疑问,并非只有吉拉德认识到权力文化以及这种文化的价值观是如何通过诸如"学校实践"对"社区价值观","学术"语言对"非洲裔美国人语言、西班牙语、西班牙英语",学术身份对个人身份这些危险的二分法关系或二元对立的方式呈现的。维拉纽瓦(Villanueva,1993)、科尔(Kohl,1991)、安扎尔杜瓦(Anzaldua,2007)以及其他学者的描述也解释了类似的紧张关系,即文化资本和权力文化是如何被与现有教育体系相关的中上层阶级价值观所吸收并通过这些价值观传播的。这些描述揭示了教师、教师教育者、管理人员、社区成员和研究人员在学校、教室和整个社会以质疑批评权力及其文化和代表性准则的方式与学生合作并向他们学习的必要性。根据德尔皮的说

法,这包括明确地教导学生:

> 这些准则需要完全融入美国的主流生活,置身于有意义的交际活动之中,而不是被迫学习空洞的、愚蠢的、脱离现实环境的个别技能;必须允许他们利用教师的专业知识资源,帮助他们认识自己的"专业性";在帮助学生学习权力文化的同时,也必须帮助他们了解这些准则的专横性以及它们所代表的权力关系。(p.45)

通过对德尔皮20多年前提出的建议的思考,以及对我与克里斯蒂娜和她的同伴分享的在常年高中英语课经历的反思,我不禁想起卡特·伍德森(Carter G. Woodson, 1933/2011)提出的教学指导方法。在《黑人的错误教育》(*Miseducation of the Negro*)一书中,伍德森指出,非洲裔美国学生接受的教育来自欧洲意识形态思想,即主流群体或当权者的语言和文化实践。然而,这种教学不能脱离对非洲裔美国人的历史、文化和文化素养传统的传授,因为"人们发现这些课程中几乎没有黑人人物形象"(p.134)。他对非洲裔美国学生的教育立场非常明确:"在补充问题中,偶尔会提到一些黑人的善行,但更常见的情况是,种族问题只是被拿来加以嘲笑……那么,当其他机构(新闻、媒体、公众)在编造谎言时,学校怎么能忽视传授真理的责任呢?"(pp.134-135)在教育非洲裔美国学生方面,他的建议更加明确:

> 我们必须弄清楚他的背景是什么,他现在是什么样的,未来可能成为什么,以及如何从现在开始使他成为一个更优秀的人。我们不应该把别人告诉黑人能做的事情填鸭式地塞进他们的脑子里,而应该发展他们的潜在能力,使他们能够在社会上发挥别人不能发挥的作用。(p.151)

这些话是伍德森在20世纪30年代写下的,如今依然适用。它们是当代学者对非洲裔美国学生(以及其他有色种族学生)在学校内外的教育理论化和与之相关的实践中如何聚焦种族和权力的基础(Delpit, 1996; Gilyard, 1991; Hooks, 1989; Haymes, 1995)。

综上所述,伍德森(1933/2011)及其同代人的情绪都指向德尔皮(1995)主张的基本观点,即"教师需要支持学生的语言,为他们提供额外的规则,并给予机会让他们在非胁迫且真实的交际语境中使用这些新规则"(p.53),而这一观点或被接纳,或引发争论,或被视为一项难以实现的任务。正如我在常年高中的经历所证实的那样,做这项工作比看上去要困难得多,尤其是当明确地、全面地关注权力文化、学校批准的实践、学生的先验知识时,民主参与激发学生(来自同伴或学校)的疏离感并导致(对自发或经批准的参与,以及学习成绩得"A"的)错误传达时。而此类情感表现,如疏离感和错误传达,往往与沉默或权力相联系,通过写作和参与表现出来,从而严重影响课堂的文化参与。然而,在有色种族学生的教育经历中,对权力文化和权力准则的明确关注有可能揭示"不公正的主导意识形态、政策和实践"(Willis, Montavon, Hall, Hunter, Burke, & Herrera, 2008, p.49)。

文化身份

基于德尔皮对权力文化和别人家的孩子的研究,本节聚焦具体的教室场景。在第一个场景中,我展示了克里斯蒂娜(和她的同伴)的文学活动例子,这些活动揭示了如何将学术工作转化为学习成绩的信念。正如这一章开头提到的,克里斯蒂娜认为无论她的论点、论据、立场如何,或者在她的写作中是否体现出更大的意义,只要她写得越多,她的成绩就应该越好。因此,我把第一个场景建立在德尔皮坚持让学生明确学习文化和权力准则的基础上。这样做有可能发现一些学生在学习中遇到的更深层次的困难。第二个场景关注的是克里斯蒂娜和她的同伴对彼此和对学校的参与和立场,这种参与和立场将课堂冲突由破坏性的、打断性的混乱重新构建为参与机会,而参与机会可能会暴露出错误传达和疏离感。在这种冲突的重构中,透过事物的表面去看本质,对教师来说很重要(见第二章)。

克里斯蒂娜在写什么?

在一次关于艾尔斯和福德(Ford)《城市的孩子,城市的老师:来自前线的报告》的阅读讨论中,我和学生试图对社区提出一个群体定义。困难不仅在于我们如何理解或评价社区的历史、社会动态、文化资源和政治结构,还与我们——27个人——如何在地理意义上概念化社区有关。虽然我们已经花了一个多星期的时间阅读和评论书中的不同章节,但我们仍不断回溯由戴维斯(Davis)写的前言的第一段:

> 阅读这本书是为了了解孩子们被围攻时以及他们生活在城市中遭受无情攻击时的感受。我感受到,尤其是从孩子们的话语中感受到痛苦、绝望和恐惧。然而,我也找到了安慰、灵感和决心。美国的学校就是美国救赎之战

必须而且将要进行的战场。让士兵知道战场在哪里是有好处的。(p.xi)

在很大程度上,要感谢达米亚、奥雷利亚诺和塞莉纳让我们不断地回溯这一段落,来试图理解"被围攻""痛苦""绝望"和"救赎之战"的感觉,而这些是在美国各地公立学校上学的无数儿童和青少年正在经历的。当我们讨论罗德里格斯(Rodriguez)的《永动》("Always Running")、哈伯曼(Haberman)的《贫乏与良好施教的教育学》("The Pedagogy of Poverty Versus Good Teaching")、乔丹的《没有人比你和威利·乔丹的未来对我更重要》("Nobody Mean More to Me Than You and the Future Life of Willie Jordan")以及德尔皮的《教授文学话语的政治》("The Politics of Teaching Literate Discourse")时,我们激烈地辩论应如何改进,用哈伯曼的话说,"城市教学质量"(p.118)。这一点在学生与职前教师的互动中表现得非常明显(见第一章)。这场辩论让我们开始思考穷人和工薪阶层社区里学校的教学意义(尤其是要怀有关心和忧虑)、改革和问责制等问题,尽管在这些问题上依然存在分歧。

正如阿巴纳所言:"当人们谈论变革或教学改进之类的话题时,他们指的其实是摆脱不好的老师。这是问题的一部分,另一部分是要问我们(学生)需要变革什么,但他们并没有这样做。"阿巴纳还没说完,赫克托立刻评论说:"你不会是等着他们来问我们吧?"大家笑了,但很快又变得严肃起来。他接着说:"有人说他们在乎。但如果他们不问我们需要改革什么,如何改革,我们就得问他们是否真正在乎,或者说他们只是试图保持现有的结构和体系。"克里斯蒂娜和她的几个同伴坐在我左边的桌子旁,正忙着在笔记本上写东西,她突然发问:"你们在谈论什么体系?你们知道你们在说什么吗?别傻了!上帝啊!"(语气强调)我还没来得及处理克里斯蒂娜爆发的情绪,吵闹声便应声而起,就像唱诗班在舞台中央扯着嗓子同时唱起不同的歌曲一样。我看到大家把头转向克里斯蒂娜:"你说谁傻,蠢货?""你根本不读书。""这就是你现在的问题,姑娘。""你永远不知道发生了什么事。""真让我恶心。"克里斯蒂娜又一次成功地让大家偏离了主题。我走到克里斯蒂娜跟前,让她下课后来找我。就在这时,詹妮弗对我说:"还有,女士,别对她太好。这是她应得的教训,让她知道她错了。"

我邀请大家参加一个协同写作任务,而不是继续跑题或对克里斯蒂娜发表不友好的评论。也就是说,我想让大家设计一个与阅读材料和学生评论中提出的论点相关的问题或思路。我还没来得及解释这个协同任务,克里斯蒂娜就打断了我的话,问道:"女士,我们能提出一个关于社区的问题吗?"似乎没有人在意,事实上,许多学生对克里斯蒂娜的建议感到震惊。在最后20分钟里,我们试图解决一个问题。克里斯蒂娜,用各种方式挽回在之前的言论中表现出的失态,她走到黑板前,写下"社区"这个词,并在旁边写道:"请给出定义、例子。"然后,她大步走回座位。

每个人都很认真地对待克里斯蒂娜的建议,因为学生们很少可以像克里斯蒂娜这样在大家毫无头绪时为我们指明方向。在认真对待她的建议的过程中,我们终于形成一个可能的思路。卡莉玛举手问她是否可以负责在黑板上记录这个问题。当她走上讲台时,学生们公开地交换了关于社区的想法——问些什么,它意味着什么以及他们想要研究和探索什么。20分钟的讨论快结束了,但在此之前,我们就以下问题达成一致:如何定义社区?根据个人与社区的联系给出定义,最好不要引用字典释义,并描述你每天去的或路过的社区场所。

在随后的课程中,学生们交换了他们对这个问题的回答,并得到了同伴的反馈(例如问题、方向和列举的事例),以便进一步完善他们的想法。我记得克里斯蒂娜把她的回答递给我,并对我说:"给个评估,或者打个勾都可以,好吗?"以下段落摘自她对"社区"这个话题的回应,未经编辑:

> 我的邻居不是很坏,也不是很好。情况比预期的要好。这很"写"。"知道"人能继续"心"他们。他们只动口(下个单词无法辨认)不动手。我想,他们曾经动过手(难以辨认,看起来像动手)。据说他们有时好有时坏,而且在邻里之间的表现也是如此。但我们都向前看,而且会做得更好。我写的是邻里,也许这和社区是一样的。现在你"没有"我的地址了。我认为,社区需要安全。如果它是友好的,而不是像人们憎恨彼此那样充满敌意,那就是一个好社区。这是一篇短文,但这就是我的感受。我知道我写得不清楚,但这是我真实的想法。你们尽管去议论我。我说的都是真的。

我花了一些时间来阅读和理解,主要是因为整个回复以及上面的节选中有大量难以辨认的字词。虽然克里斯蒂娜的用词比较费解——"写"(wright)代表"正确"(right),"知道"(know)代表"没有"(no);"心"(hearts)代表"伤害"(hurt),"它的"(its)代表"它是"(it's)——但其中蕴含一条有各种可能性的信息。接着这种信息开始以句子的形式出现:"我的邻居不是很坏,也不是很好。情况比预期的要好。"克里斯蒂娜声称"现在你'没有'(知道)我的地址了",而事实上,她既没有列出也没有描述任何社区信息。就她的写作进行评价,包括她的写作风格、形式、结构、用词的选择和连贯程度,这个学生还没有完全掌握学术写作的传统规范和惯例。然而,同样重要的是,仔细审视她的书面想法,你会发现她是一个有发言权的学生("但我们必须向前看,而且会做得更好。"),一个在纸上表达想法的学生("这是一篇短文,但这就是我的感受。我知道我写得不清楚,但这是我真实的想法。"),一个正在化解误解或错误传达的学生("你们尽管去议论我。我说的都是真的。")她的文章让我不禁想问一问:为什么高中4年级的克里斯蒂娜在没有掌握学术规范和惯例的前提下,依然能发出强有力的学术声音?

在后续的课程中,当学生们进行同伴间的写作交流时,克里斯蒂娜走到达米亚面前问道:"看看我的文章,好吗?"达米亚吃了一惊,可能是因为她和克里斯蒂娜有一种对抗性的关系,一种由交流方式定义的关系,比如:

克里斯蒂娜:你们都很愚蠢。你们都不知道自己在讨论什么。

达米亚:姑娘,这就是为什么没有人喜欢你。你真的需要停止这样的行为。

克里斯蒂娜:你逼我呀?

达米亚:如果你不想这样,那就离我远点,别坐在我旁边。

即使有这样或其他类似的交流,克里斯蒂娜还是尊重达米亚的,这可能就是为什么她找达米亚来交流写作意见。在我看来,克里斯蒂娜认为达米亚会"一种非常特别的倾听,这种倾听不仅需要睁大眼睛,竖起耳朵,还需要打开心灵和思想"(Delpit,1996,p.46)。达米亚同意与克里斯蒂娜合作,在阅读了她关于社区话题的文章后,达米亚提出以下建议(来自我的音频笔记本):

我们认真点,克里斯蒂娜!也许你应该举几个清楚的例子,因为例子总是能帮助我理清思路。用例子来回答问题,让读者看到你是如何思考的。现在,你说你列出了场所,但是你没有。回去做吧。如果你想不出什么地方,那就谈谈学校……你几乎每天都来学校。还有一件事,我需要你把你的态度放在一边。(克里斯蒂娜小声回答:"好吧,继续。")我不是在挑你的毛病,但你应该在写作上寻求帮助。你有很好的想法,但是你用错了词。"写"(write)和"正确"(right)是有区别的。我不是在挑你的毛病,只是在告诉你一些我认为你在这个阶段应该知道的事情(从达米亚的声音中可以听出来她在强调)。"克里斯蒂娜轻声地承认:"我知道你是对的。我知道。"

在这次交流中,我让同学们根据彼此交流的反馈,从最初对社区的回应出发,修改、编辑、拓展自己的想法。直到下一周(差不多五天之后)克里斯蒂娜才和我分享了她修改后的作品。克里斯蒂娜告诉我她修改完了,急切地把作品递给我,并轻声承认:"给我一些辅导帮助……因为我需要。"下面这段话代表了克里斯蒂娜对原文观点的修改和扩展:

> 我的邻居不是很坏,也不是很好。情况比预期的在慢慢改善。还不错。"知道"人们不再受伤。他们争论,而不经常动手。我认为他们过去是经常动手的[难以辨认的词]。邻里之间有时好有时坏。但我们已经进步了,希望会做得更好。我写的是邻里关系,但我觉得这个词和社区是一样的。之前我没有写过场所,但是我"没有"学校是一个场所,我每天都能看到学校。去上课的时候,我在校园里行走;周末的时候,我从学校里穿过。我认为,像学校这样的社区需要安全。我不希望邻里和学校里的人们互相憎恨。这是一篇简短的文章,但这就是我的感受。写得不清楚,因为我还在努力写。我不在乎你们是否会评判我。我说的都是真的。现在我提到学校这个地方。让我谈谈这个问题。这周我们在课堂上谈论教育。教育是世界上最好的事情之一,任何人都可以学习。我所受的教育不是按我的标准来制定的,却是我要接受的。如果我不是那么糟糕的话,可以学到更多。但我可以用我学到的知识开自己的公司。我是一个喜欢玩乐的人,有时玩得有点过头,但我可以完成我的"公共汽车"(工作),然后再做那些事情。我有很多东西要写,我被告知我应该"不"我生命中此时此刻的某些特定事情(重申达米亚的评论"我认为你在这个阶段应该知道的事情")。教育与学校和社区息息相关。你看,这就是我在学校做的事情,我会把它与我的邻里联系起来。我"不"我总是不被理解,我是个糟糕的学生,因为没人听我说话。如果他们听了我说的话,就会评判我。我不喜欢被人评判。但我在尝试。就是这些,好吗?

克里斯蒂娜扩展的文章聚焦于社区的原始问题,结合了达米亚的建议(例如,提供例子或场所,将学校作为一个参考场所,注意措辞),并围绕教育这个主题介绍了她的想法,这个主题(教育)也是从这门课开始被更明确地研究的。此外,她的文章暴露出一些更大的问题,这些问题让她很纠结:做一个坏人,没有人听她说话,被误解和评判以及需要知道"我生命中此时此刻的某些特定事情"。毫无疑问,克里斯蒂娜在课堂上的"出格"行为,比如突然坐在男友的腿上,说其他学生愚蠢,不断地打断别人说话和打趣,这不仅仅是行为问题,也是一种混乱的表现,其特征是错误传达、疏离感和无力感。她承认自己的"糟糕""被人评判",还有她"不喜欢"的事情,是为了引起注意。考虑到她经常在课堂上寻求关注却没有成功,她决定不再寻求关注,而是直接去要求对方的关注,就像她直接问达米亚那样:"看看我的文章,好吗?"

德尔皮(1996)在她关于"沉默的对话"和权力文化的讨论中提到疏离感和错误传达。她认为,一个人可以"通过找出那个与大家的观点分歧最大的人,通过学会完全理解他们所说的话,理解自己的力量……要不怕提出问题……要去听,不,要听清他们在说什么"(p.47)来更好地理解这些感受。尽管德尔皮特别谈论了教学、教师、隐式和显式的种族歧视行为以及针对有色种族学生的教学方法(或"技能"或"过程"),她的观点与克里斯蒂娜的困境有一定联系,即她无法在学术环境中立即获得并使用特定的权力准则。尽管如此,克里斯蒂娜还是有意识地去找达米亚,一个与其观点不同的人,并且接受了达米亚关于如何以书面形式更好地表达自我的见解的意见。

在本学年即将结束的时候(6月),也就是同学交流活动结束大约3个月后,克里斯蒂娜自愿向全班同学朗读了她的作品中的段落,这是她以前从未做过的。她站起来,说:"你们都得闭嘴。因为你们要听听我接下来要讲些什么。"不出所料,她的话引起一阵混乱,而当她注意到我的眼神时,她立刻向大家道歉:"好吧,你们都知道我很糟糕。我想我应该为我刚才说的话道歉,好吗?"离克里斯蒂娜最近的胡安说道:"她看上去很严肃。开始吧,姑娘,我听着呢。"

克里斯蒂娜要求朗读来自不同写作作业的三段摘录。她从朗读研究问题开始:"你认为研究以社区为主题的文章有价值吗?为什么?"然后,她分享了自己的回答:"我……你的脑袋越聪明,你的生活水平就更高,这很好。你的生活水平越高,你的社区就会越好,也能得到越多的资源。这一切都源于你为此付出的努力。你必须知道去哪里学习和从哪里开始。这意味着了解社区是件好事。这是我2月份写的。"教室里传来一阵咯咯的笑声,克里斯蒂娜说:"你们都知道我这样做是为了证明我在乎,好吗?我为我的表现道歉。"她说完后,大家都沉默了。然后,她读了另一篇文章的段落(注意她对带下划线的单词和短语的强调):

为什么有些孩子和父母被忽视了,任由他们死去?当32个人在弗吉尼亚理工大学被杀时,有些东西正在崩溃。<u>钱</u>是主要原因之一。如果人们没有钱,他们就不能读书,不能做很多事情,甚至不能理性地思考。其次是<u>家庭的支持</u>。如果你的家人不在一起,那么很多你想做的事情就无法实现,因为你和家人的距离不够近。然后是<u>政府资助</u>。政府可能会觉得,如果你在为自己努力,那他们为什么要为你担心呢?我觉得如果你想做点什么,必须首先自己努力尝试,因为我知道人们不会主动跳出来关心你。回到弗吉尼亚理工大学事件,他们任由人们死在校园里。看,我想如果那是一个黑人干的,他的脸早就霸占各个新闻头条了。但是因为这个嫌疑人不是黑人,而他们说他已经自杀了,所以他没有出现在电视上。这是我读到老师认为孩子们是在威胁老师的观点后写的。出自杰伊·雷哈克(Jay Rehak)[《城市的孩子,城市的老师》中《返回去,然后圈》("Go Back and Circle the Verb")一文的作者]谈到的"每个孩子的脆弱让我对课堂暴力产生了一种特殊的蔑视"那部分。

在允许别人发表评论之前,克里斯蒂娜坚持不间断地继续分享第三篇也就是最后一篇文章。她通过谈论阅读、写作以及与文本建立个人联系来构建她的第三篇文章。接着,她分享道:

> 这是一个重要的话题。在英语课上谈论图派克是很重要的,因为他讲述了事情的真相。他告诉我们……他谈到家人以及家人如何尽力帮助我们,但有时这还不够。因为他们可能没有能力提供足够的帮助,因为他们自己可能也在挣扎,或者因为他们可能不够关心你。例如,在生活中,如果你说你要做某件事,但最终没有做,下次谁会相信你呢?我们自己必须做得更好。(她补充说:我忘了我要写些什么了。不过让我说完吧。)图派克对每件事的好的与坏的或悲伤的一面都讲述得很详细。以男女朋友的关系为例。这可以从许多角度来看。我是这样看的:如果你对我好,我也可以回报你。俗话说:"己所不欲,勿施于人。"我的确相信,你怎样对待我,我也会怎样对待你。图派克相信这一点,因为他在自己的歌曲中写到了这一点,即使他的座右铭是"暴徒生活"。但这并不意味着他不关心人们或是社区,只是他的生活就像我一样艰难。这就是为什么我们应该在英语课上谈论图派克。我能理解图派克。(她补充道:谢谢。我说完了。)

在短短三个月的时间里,克里斯蒂娜与全班同学分享了她的写作片段,展示了她在学术上的成长和成熟。当她读了一段以研究社区为主题的文章后,一些同伴发出了笑声。然而,她并没有"表现出不满""爆发",或者缩回她常用的自我保护空间里,在这个空间里,克里斯蒂娜会把她的文章扔在地板上,称所有人为蠢货,然后径直走出教室;相反,她承认自己"不是一个好学生,好吧",这是在面对可能的敌意时表现出的勇气。她的勇气使她能够继续与全班同学分享另外两篇文章——一篇关于暴力和责任,另一篇关于研究图派克,并与他和他的作品建立个人联系。这些时刻似乎偏离了这一节开头所描述的场景"克里斯蒂娜在写什么?",学生们也似乎并没有因为克里斯蒂娜的言行感到被冒犯:"好吧,你们都知道我很糟糕。"(克里斯蒂娜)"她看上去很严肃。"(胡安)相反,他们坐在那里,听着,甚至用新的眼光看着她。连很少在课堂上发言的学生卡洛斯(Carlos)都说:"你为什么不让我们更多地看到你的这一面?如果你这样做了,我们会更了解你的。"

看到克里斯蒂娜的"这一面",不仅为学生和我如何看待她提供了一种新的方式,也为我们听到、关注到并接受她的写作过程和成果提供了一种新的方式。克里斯蒂娜非常清楚,至少对学术观众以及与考核和评价相关的目的而言,她的作品低于"12年级的成绩水平"。当达米亚坚持要她"认真点""举几个清楚的例子"和"在写作上寻求帮助"时,克里斯蒂娜采取了"寻求辅导帮助"的措施。通过这样的措施,克里斯蒂娜的自信大增,她决定在最严厉的听众——她的同学——面前朗读自己文章的片段就是个很好的例子。我相信这标志着克里斯蒂娜开始通过写作来解决沟通和错误传达的问题——写作涉及一个过程,通过这个过程去表达并形成与想法的联系,随着时间和实践的积累,写作水平也会逐渐提高,进而形成一个可共享、批评和修改的作品。

不再沉默的对话,但不是在我走出教室之前

在下一节中,我将介绍参与、互动和一些项目的示例,以便简要了解学生对学校和学校教育的态度。为此,我从未经编辑的实地笔记中摘录了一些例子或场景,这些场景描绘出特定的参与时刻及其对学生学业和个人生活的影响。

场景一

所以,这堂课以一种非典型的方式开场。我不知道我为什么写下"非典型"这个词。是因为我的个人情绪吗?是我的学生不想在3月的一个星期五上课吗?还是我们其实都有这样或那样的想法,认为有比我们应该上的课更重要的事情?带着这些笔记我要去哪里?无论我走到哪里,我都需要诚实地面对我今天在课堂上的角色。我不敢相信我走了,但我确实走了。

我走进空了一半的教室,把数码相机交给达米亚,示意她可以开始她的视频项目了。我以最快的速度做好准备——我的包,我的讲义,还有我的大脑,并让学生们也做好准备,这样我们就可以开始了。很快,我说:"我们开始吧。"这是我第一次这么说。"好了,各位,我们开始吧。"这是我第二次这么说。我重复了第三次、第四次、第五次、第六次……然后我不知所措了:"只有我听到自己说的话吗?"我不想再等下去了,我要开始倒计时了??什么?拜托!我环顾了教室一圈。我看到克里斯蒂娜在向斯蒂芬撒娇。我看到维克托双脚搭在桌子上给拉简看翻开的杂志。我看到帕特里夏在和朋友们一起谈笑周末发生的趣事。每个人都在做与课堂无关的事情,至少我是这么认为的。吵闹声太大了。我又喊了一遍"让我们开始吧",但是没有人听,虽然他们看着我,但没有反应。事情接下来是这样的(我最终把这段对话分享给了全班同学):

瓦莱丽:我们开始吧。我已经说过很多次了。(当我回想这些实地笔记时,能在脑海中看到这一幕,我能听到自己的声音,听起来就像一张唱片,不停重复着同样的五个字。)

克里斯蒂娜:(把一大袋零食扔到教室那头,大声叫人把它捡起来。)你最好把我的零食从地板上捡起来。(对另一个学生说)你跟谁说话呢?

(大家对别人说三道四,包括我。吵闹声还在继续,声音越来越大,越来越大。我想我已经受够了。)

瓦莱丽:知道吗,既然你们不愿意和我讨论,那我也不说了。为什么这样呢?

(大家继续说话,站起来,大笑。)

瓦莱丽:好,既然没人想上课,没人想听,至少没人想告诉我发生了什么……(没人理我。所以我拿起我所有的东西,然后说)我出去了……今天不上课了。我们还有不到37分钟的上课时间,还有很多事要做,可没人想看我。

(大家停止说话,盯着我看。我想我引起了他们的注意。)

瓦莱丽:谢谢。现在我们可以开始了(实际上并没有开始)。

克里斯蒂娜:女士,你可以坐下了。(她在教室里走来走去,好像脑子里在放着一首歌,身体舞动着。她捡起了那袋零食。她的声音太大了,她一个人听起来就像一个唱诗班,里面有指挥、男高音和男中音,即使没有人附和,她也准备再唱一遍。)

(大家看着克里斯蒂娜,摇了摇头,但他们都继续说话,声音更大了。他们的注意力又转移了。)

瓦莱丽:(我肩上挎着包,怀里抱着书,转身对他们说)在你们准备好上课或者想告诉我发生了什么的时候再来找我吧。在那之前,再见。

我走出教室,走进附近的一间办公室。在办公室里,我的学生阿巴纳正在和另一位老师谈话。阿巴纳看着我,为没能按时上课而道歉:"瓦莱丽老师,我很抱歉。我马上来。我需要一个签字。"对此,我突然告诉她,不管她来不来上课都没关系,因为我今天已经讲完了,不回去了。对此,我记得阿巴纳惊讶地说:"什么!发生了什么事?"我还没来得及回答,她就转身朝教室走去。大约3分钟后,克里斯蒂娜走进办公室抓住我的胳膊。她承认自己行为失态,并为此道歉:"我很抱歉,女士。"她请我回教室:"我不会再这样做了。回来吧,好吗?"

我们回到教室,遇到一位校长助理,问学生们发生了什么事。我告诉她一切正常,她脸上带着好奇的表情对我微微一笑,然后离开了教室。当她离开的时候,我们都能听到从她的圆形钥匙扣上聚集的钥匙发出来的金属碰撞的声音,好像有一百万个钥匙在相互碰撞。我关上门,把我的东西放在这间教室里——就是我刚刚走出的那间教室。但这一次,没有吵闹声,一片寂静。我说:"这种情况不允许再发生了,我是认真的。你们对我不尊重。说实话,我离开的时候也不尊重你们。如果我们都那样不尊重对方,那么还剩下什么?我们有太多的事情要做,但我们需要彼此尊重地去做。"我道歉了,他们也道歉了。但你猜怎么着,到这个时候,下课的时间也快到了。天哪!

关于离开教室的反思

我走出教室是一种参与,或者说是干扰。换句话说,我试图干扰课堂混乱的场面。我走出教室,因为我很沮丧,同时也为了干扰课堂混乱——克里斯蒂娜的零食、帕特里夏的周末回顾,维克托和拉简的杂志时间,等等——我需要行动,采取措施,同这片混乱产生联系。我压根不知道学生们,尤其是克里斯蒂娜,是如何意识到这种混乱被干扰的。但从克里斯蒂娜的态度和对我的道歉"对不起,女士"可以看出来,他们为自己的行为感到愧疚。我认为这种态度的改变是因为阿巴纳冲进教室后说的话。此外,这种"出走"对随后的真诚告白来说也很重要:"你回来是因为你在乎我们。"(罗莎)"你还好吧,女士?"(丹尼尔)"别人抛弃了我,就再也不会回来了。"(特里纳)

特里纳的话引起了我的注意,特别是因为特里纳从来没有真正在课堂上说过话。相反,她用刘海遮着眼睛,躲在她的两个朋友奥雷利亚诺和乔斯后面。尽管如此,我"出走"的行为让她能够在与同伴、与我,甚至与课程项目的接触程度大幅提高的情况下参与进来。随着时间的推移,我逐渐明白,特里纳对学校教育的感受与她的校外和家庭经历有很大关系:在这两个地方,她都感到疏离、孤独和误解。因此,她的评论"别人抛弃了我,就再也不会回来了"不仅仅是对我重返课堂并寻求维持师生关系的承认,也是对她被遗弃后人们不再返回、道歉和留下的感觉的承认。换句话说,至少在这个案例中,混乱干扰导致学生(尤其是特里纳)坦然面对本已根深蒂固的疏离感、错误传达和被遗弃的感觉,一如下面这个场景所描述的。

场景二

我意识到特里纳发生了很大的变化。以前她很安静,她想让每个人都注意不到她。但现在,她震撼了我们的世界。可以理解为什么特里纳以前看起来很害羞。她在课堂上没有存在感——嗯,我应该说她在课堂上从不发言,但她和她的朋友们,比如奥雷利亚诺和乔斯,经常交谈。他们可以一直聊天、聊天、聊天。我记得在2月或3月的时候,高年级的学生去集体旅行,她没有去,反而来上我的课。我记得那天只有我、特里纳和罗莎。从与她短暂的接触中,我得以了解她的内心世界。也是在这个时候,特里纳第一次感到很舒服,她跟我说她妈妈是多么的严格,对她过分地保护,甚至因此而不希望特里纳来上学。她说她有个梦想,就是做时装设计。但是特里纳的妈妈说:"不,那不够好。"或者总是问她:"谁来付钱?"我很惊讶特里纳和我分享这些。

但是在今天的课上,特里纳介绍了她的父亲,谈到他抛弃了她和她的妹妹。她告诉我们——她的同学和我——她已经14年没见过父亲了,尽管她知道他们相隔很近。每个人都安静地坐着,听特里纳说着,没有人催促她。"他离开了我们""没有说再见""留下了他所有的东西""再也没有回来"。教室里鸦雀无声,甚至连克里斯蒂娜也坐在那里不说话。特里纳看着我们说:"他和我妈妈在吵架,他跑了出去。""有时候我只想跑开。"班上有人,我猜是阿巴纳,说:"我也是。"特里纳说:"我们的父亲在哪里?他们总是离开我们。我们不得不和母亲相依为命。"迈克尔压低嗓门,但大家还是听得到他说的话:"我懂。我感同身受。"这是一个自然的时刻——强大的、诚实的、深刻的、痛苦的时刻。对我来说,它只是说明了学生在校外生活中所经历的许多挑战,这些挑战肯定会影响他们在校内的生活,导致一些老师和同学(错误)解读他们的行为和身份。

难怪特里纳的妈妈这么保护她。难怪她总是愁眉苦脸,甚至在和最亲密的同学聊天时也是如此。难怪对特里纳和我所有的学生,我还有另一种强烈的欣赏。随着时间的推移,我对他们的了解越来越深。下课后,我去找特里纳。我征得了老师的同意,把她从课堂上叫出来,向她索要她写的诗,她把诗给了我。我们谈了几分钟,谈完后,我就在走廊上记录下那次谈话的内容。

瓦莱丽:你真有天赋。

特里纳笑着,似乎有点害羞。

瓦莱丽:你为什么不多多表现自己呢?

特里纳:我不知道。这很难,太多事情需要考虑周到。

瓦莱丽:不仅仅是学校,对吧?

特里纳:是的。

瓦莱丽:我能问你件事吗?

特里纳:什么?

瓦莱丽:你父亲离开了。你对此有什么感觉?

特里纳:一直很难过。我不知道如果我再见到他会有什么感觉。14年了。他住得很近,但他从不回来看我们。我一直很想念他。但是已经14年了。

瓦莱丽:你试过写下这些感受吗,以日记或其他形式?

特里纳:事实上,我一直在写日记。我会写下我的想法和感受。我还写了很多短篇故事和诗歌。

瓦莱丽:如果可以的话,我想看一看。我很乐意花些时间和你在一起,更多地了解你和你的写作。请让我了解一下。

特里纳:好的。我把日记带来,也许我们可以聊聊。

瓦莱丽:如果你在课堂上需要帮助,也请告诉我。你很有"天赋",只是你自己没有意识到。

特里纳:我试试看。也许吧。

对特里纳的反思

特里纳关于父亲抛弃家庭的讨论源于我们对比尔·艾尔斯(Bill Ayers)《教师只不过是一个英雄：教师和电影教学》("A Teacher Ain't Nothin' But a Hero: Teachers and Teaching in Film")一文的学习。虽然为了通读这篇论文（这篇论文摘自1996年出版的《城市的孩子，城市的老师》一书，2007年我给高中毕业生讲过这本书），并与艾尔斯所提供的参考文献建立更大的联系，占用了一些上课时间，但我们能够就媒体对教学和教师的描述进行坦诚而艰难的讨论。我压根不知道艾尔斯的结束语（下面这段话）会引起特里纳的共鸣：

> 真正的教师需要质疑常识，打破规则，与孩子们一起成为政治活动家。这是真正的英雄主义，真正英勇的行为。我们需要认真对待年轻人的经历、他们的理解、他们的知识和他们的梦想——特别是我们需要审视孩子们所排斥的组织体系。换句话说，我们必须假设年轻人有足够的智慧，在困难，甚至是极坏的情况下，能够采取明智的措施并做出有意义的决定，当然这种困难或极坏的情况不是他们自己造成的。在与年轻人一起找寻共同事业的同时，我们也可以在那里找到作为教师的救赎。（pp.239-240）

一方面，艾尔斯谈论的是电影中对教师英雄形象流行的、片面的描述；另一方面，他呼吁勇敢的、真正的教师认识到年轻人"在困难，甚至是极坏的情况下"的经历。特里纳以一种非常私人的方式与上面的段落联系起来。她一边读着艾尔斯的话，一边试图弄懂被父亲遗弃的原因。在阅读的过程中，她问我能否在课堂作业中对上述段落进行反思。我让特里纳写一份她想完成的主题描述，三天内提交给我。她提出了三个不同的观点：

1. 我想写一篇关于歌曲《锂》("Lithium")的文章，这首歌是关于不想孤单，想要摆脱抑郁的。这首歌让我想起了我的童年，我的爸爸是如何离开我和我妹妹的。我可以以这首歌为基础来写勇敢，在悲伤中看到自己的力量。我会把它和我们已经完成的阅读材料联系起来，尤其是和威廉·艾尔斯的作品联系起来。

2. 另一首我想到的歌是《你好》("Hello")。这首歌让我想起了我的童年，那时我没有朋友，不敢说话，因为我太害怕了。后来我才开始发出声音，但直到现在我的声音还是很小。我认为这与我们所读到的关于接受他人和关心他人的能力与儿童时期认知能力的发展有关。我想把上一个想法和这个想法结合起来,写一篇文章。我会用到课堂阅读材料,甚至可以面对全班同学把我的文章唱出来。

3. 我会诚实的。我真正想写的是一个关于我父亲的主题以及我对父亲表达感情的方式。我播放了一首歌《你好》来表达我对他的感情,还有对其他人的感情,因为这些歌真的很悲伤,这就是他抛弃我时我的感受。读完那家伙(艾尔斯)的长文后,以及在我写完这篇文章后,我想我会冷静下来,谈谈我的真实感受,从来没有告诉过任何人的感受。我曾把自己的感受写下来,但从未与人分享。也许我可以为你做一个这样的项目,作为一个额外的项目,你只需给我反馈,不用打分。

特里纳没有把这作为一个主要的课堂项目,而是决定以她的父亲为引子去写一首诗。最后,她终于鼓起勇气把她的作品呈现给全班同学。在她朗诵那天,我看得出她很紧张,她的朋友奥雷利亚诺和乔斯似乎同样紧张。她有些拘谨地站在全班同学面前开始朗诵:

爸爸的小女孩

当我还是爸爸的小女孩时,
我会扑到
他的怀里。
当我还是爸爸的小女孩时,
我从不
感到孤独。
当我还是爸爸的小女孩时,
我不会
惧怕冒险
与他一起在城里转悠。

当我还是爸爸的小女孩时,

> 我和我的爸爸
>
> 会画出我们脑海里浮现的任何画面。
>
> 当我还是爸爸的小女孩时,
>
> 他会帮我盖好被子
>
> 躺在床上对我说:
>
> "我爱你,爸爸的小女孩。"

雷鸣般的掌声鼓励着特里纳继续朗诵第二篇:

我的父亲

  当我照镜子的时候,有时会看到我的父亲,我开始想我是多么想念他啊,我们在一起是多么快乐。我还记得在他离开我和我妹妹之前我们一起度过的所有美好时光,比如在公园里骑自行车,在妈妈不在家的时候玩超级任天堂,一起画画,一起午睡。

  当父亲离开时,我感到自己的心有一半和他一起离开了,再也没有回来。有时我会恨父亲没有陪我长大,但大多数时候,我只是不在乎或假装不想念他。我只希望他能再见我最后一次,我一定会告诉他我有多爱他。

  学生们问了特里纳很多问题,包括"这是什么作业?我忘记做了吗?"有人问她做这个写作项目的目的是什么,特里纳说她想知道一个人是如何抛弃家庭的。这个回应是一个开端,让我进一步探究特里纳写这首诗和反思背后更大的动机。对此,特里纳回应道:"威廉·艾尔斯的话里有某种东西让我产生了某种感觉。"她走到桌前拿起书,读了上面引用的艾尔斯的那段话。她特别强调了诸如"真正英勇的行为""审视……组织体系"和"假设年轻人有足够的智慧……能够采取明智的措施并做出有意义的决定"。

  克里斯蒂娜大声地说:"好吧,我有同感。我不知道他们是怎么离开的。我经常这样想,但我从来没有大声说出来过。离开我这件事影响到了我的行为。我很糟糕,但我还能怎么样?"她继续说:"我没有想到我们会有共鸣(看着特里纳)。我们不太喜欢对方,但我很高兴你和我们分享了这些。我不想再当坏人了。"

通过特里纳的写作项目,她揭示了一些学生个人经历的根源:与遗弃、错误传达和疏离感有关的感觉。虽然我知道德尔皮(1996/2005)的书中并没有明确讨论这种感觉的根本原因,但我认为她对教育有色种族学生权力文化和规范的看法围绕着对"沉默的对话"问题的关注。这种"沉默的对话"不仅仅与技能或过程、白人教师教育非洲裔美国学生的方式或非洲裔美国教师和其他有色种族教师对彼此教育学观点的排斥有关,还与一些教师在课堂中忽略的内容有关,这些内容包括:课堂文本与学生个人对这些文本的分析解读之间的联系,学生处理信息和反思自己生活环境和身份转变的方式,声音和选择所起的作用,还有学生们在安全的环境中从事学术工作和个人工作的工具或准则。

许多教师依赖"沉默的对话",不以"学生生活的专家"的身份自居,与学生建立亲密的关系,鼓励他们通过自己的身份认同、亲身感受以及成为"自己真正的年代记录者"的方式更有意义地参与到学术研究中(Delpit,1996,p.47)。这样做可帮助更多的教师意识到"质疑常识,打破规则,与孩子们一起成为政治活动家"(Ayers,1996,p.239)的必要性。这些观点重申了伍德森(Woodson,1933/2011)的呼吁,即面对过多的个人和政治困境时,教师们要发现学生,尤其是黑人学生的众多可能性,批判性地讲授并帮助他们通过沟通找到学习的方法。

走出沉默,走出挣扎

在整个高年级英语课程中,我都在尽力促进我与学生之间、学生与学生之间的协作关系,希望这样做能鼓励他们开放性地就课程文本、作业和同学们进行辩论。虽然看起来克里斯蒂娜和她的同伴并没有很好地践行文化身份,但我认为他们基于自己是否利用权力准则,在某种程度上确实反映了其学术和个人斗争。克里斯蒂娜的阅读和写作,她对同伴的攻击性态度,以及她在学校和社区环境中产生的疏离感和错误传达之间搭建起的联系,都揭示了一些在课堂上难以解决的冲突,即使这些冲突表现出混乱迹象。

换言之,教师不仅仅是教育"别人家的孩子",更应该将他们当作我们自己的孩子——他们会用某种特殊的眼光看待教师,会依赖或否定我们教授的知识,甚至把学校看作一个赋能之所或一个名不副实的、具有疏离结构的机构。定义这些结构,就是明确地称它们为权力准则,一种"在教室里得以实践"的准则,"参与权力的规则",以及"反映了那些掌权者文化的规则"(Delpit,1996,p.24)。如果不这样定义,那么当学生,尤其是穷人和工薪阶层的学生以及有色种族学生进入学校学习、参与学习并与其博弈时,就等于无视已经存在的不公平结构。

同样重要的是,在英语课上学生开始意识到这种挣扎,并说出他们感到疏离感和错误传达背后的原因。在特里纳的例子中,她承认自己的悲伤是由她父亲的遗弃直接导致的。对克里斯蒂娜来说,她意识到自己的"糟糕"源于她在学校内外感受到的孤独。这些自白,再加上学生的代表性文章和参与活动,指出了教与学中的关键问题,这些问题超出了我的课堂范畴。要解决这些超出课堂范畴的问题,就需要我们审视那些学术空间:在这些空间里,权力是存在的,但没有被明确讨论过;在这些空间里,混乱是存在的,但没有被当作目标来展示和评判。因此,重新审视"沉默的对话"可以证明,冲突、错误传达、学习和权力对课堂文化参与以及学生对学校和学校教育的看法有重大影响。

第六章

超越课堂教学：图书馆门厅里的文化与社会公正

在本书中，我提供了一些关于学生文化参与、活动和身份的具体案例，希望这些案例能给批判性教与学带来方方面面的影响。从第一章开始，我以职前教师和高中生之间的互动性教学活动为依据，揭示了与教育多样性和公平性相关的重大问题。这些问题有的在本书的后续章节中有所讨论，有的我会在未来的每一天里继续思考。这些问题未能在本书中详尽无遗地列出，包括：影响师生参与互动的关于"语言、文学和教育学的跨学科理解"（Cochran-Smith & Lytle，1999，p.16）是什么，从以公平、多样性和差异化为中心的多元文化的角度来看，又是什么样的？学生和教师如何齐心协力在校内外的日常互动中建立"共同点"？学生作为教师以及职前教师作为学生这种身份互换的学习方式如何在培养社区意识、责任感、互惠性和民主参与感的同时加快文学互动和意义建构的进程？学生对现有的学校结构和学习模式有何看法？关于目前"一个孩子都不能少"项目对优异学习成绩的推崇，他们能改变些什么？

第二章主要关注常年高中的特定案例，例如东哈勒姆区的当地情况和历史背景，常年高中所在的社区，学校的地理空间环境和我所讲授课程的课程设计。在本章中，我强调了那些高中学生和我立足于纽约州12年级英语教学标准设计或重塑课程导学目标的共同努力。四个学习目标或标准分别代表了社会互动，信息收集和理解，文学表达和回应，以及批判性分析和评估方面的课程。虽然我可能没有直接将这些目标或标准与前面有代表性的章节中学生的作品和经历一一联系起来，但我相信这种联系是显而易见的。例如，要求学生学习关于学校环境和社区变化（回想一下第二章中学生对课程大纲中包含的泰勒作品摘录的反思），以及身份、权力和民主（回想一下在第三章中塞莉纳的评论"我们在这个国家得到的不是民主"）等方面的主题。还要求他们质疑归属和自由（回想一下在第四章中罗莎和奥雷利亚诺关于爱、遗弃和身份的主题音乐表演），以及疏离感、错误传达和学术准备（不足）的感受（克里斯蒂娜在第五章中的滑稽动作）。因此，我认为这种互动的基础是学生对与角色转变、学术实践、文学抗拒和国家标准有关的观点的批判性分析方式。学生各种形式的文化参与和面对混乱和中断情况(见第五章),是一次意义丰富的、及时的、有价值的交锋,促使他们有目的地阅读、写作、倾听和表达。

虽然这些互动只发生在我在常年高中工作时的特定课堂环境中,但它们对跨越其他不同空间的教与学具有广泛的影响。正如我在学校里注意到的,这种互动可能出现在学校的各个角落,比如走廊、自助餐厅和楼梯间,学生和老师之间进行的对话交流之中;出现在社区空间内进行的公民参与活动之中;出现在学校和当地社区围绕美国民主参与问题的讨论之中;出现在人们积极、持久地尝试在当地和全球环境里建立联盟的公众意识之中。这些表明了跨越界限(例如学生和职前教师、学生和学生、学生和课堂教师之间的界限)的教育意义,以及学生和教师对抗与教育相关的,特别是与城市教育相关的恐惧、偏见、预设和权力结构的紧迫性。

基于上述考虑,就对城市公立学校中教与学过程的关注而言,我必须反思这项工作可能带来的重大影响。除此之外,我不禁想象以儿童和青少年的声音、观点和文化生活为中心的方式来重塑课程标准的场景。这样做可以提高年轻人的责任感以及对教育的承诺。除了与学生共同重塑标准,我认为把文学作为与民主、与美国黑人和棕色人种作为读者和作家的历史相联系的一个明确的重点,对建立在多元文化原则、公平实践和文化相关的教学方法基础上的教育设计来说是有帮助的。

我目前正在从事一项国际工作,由福布莱特·海斯奖资助,在西非塞拉利昂开展,我与一群来自南卡罗莱纳州的公立学校的教师、博士生和大学教授合作开发和传播课程,帮助小学、初中和高中的教师、教师教育者和学生更好地理解塞拉利昂和美国之间的联系。我们的一个愿景是,将在教学实践、职业发展机会和课程改革的努力中,将大西洋两岸的人们联系在一起的纽带变得更加牢固。如果不去刻意关注这些与历史、文化和语言内容相关的联系,尤其是在教育方面,我担心学校的任何改革尝试都会失败。除了这些具体内容以及探索课程方法和历史联系的国际工作外,还有一些其他因素需要引起我们注意,包括建立牢固的学校-社区合作关系,学科内和跨学科教育合作,以及在大多数学生都是有色种族且来自穷人或工薪阶层家庭的课堂环境中,针对职前教师能力和课堂互动的培训计划。

显然,教师、教师教育者和文化素养研究人员应该,实际上也必须与学生共同创造机会去尝试各种值得解释和分析的行为。因此,当学生和教师接纳罗伊斯特

(Royster,2000)对"去感受、观察并付诸行动,认清我们周围世界的物质性,认清自己以及我们与之相处的方式"(p.284)的坚持时,关于德尔皮(1995)所谓的权力的复杂组成(又称为"权力文化")的对话变得清晰可见。

实际上,我暗指的需求以及随之而来的影响是巨大的,绝不是一个故事或一组脚本建议就能合理回答的。我也不会假装有回答这些问题的明确答案。然而,我确实认为,这种需求不应该通过法定任务或一刀切的方案来解决,比如提出更多旨在提高有色种族学生成绩的任务或方案。在许多情况下,这些尝试重申了长期存在的以不公平、排斥和不平等为基础的种族主义和阶级主义制度。因此,最后一章的目标是给出我仍在反复思考但尚未完成的想法,这些想法将积极关注年轻人在学校进行的参与活动。成年人有时会轻视或忽视这种参与活动。这种活动并非体现在官方(或隐藏)课程中,而是学生在学校环境中日常互动的一部分。那么,这些由学生发起并主持的参与活动如何促进与学校活动、权力结构、教育实践和政策有关的教与学? 回想一下昆顿的自白:"学校很无聊,学校太无聊了! ……你们还在期待些什么?"回想一下亚历山德里娅的沮丧:"厌倦一直在课堂上做同样的事情了。"每当回想起学生的这些感受,都会迅速拉近我们之间的距离,使我们更清楚地了解青少年在教学实践和立法指令方面"真实的"、自我选择的文化参与活动。

"这算文化吗?":在图书馆里学习

在本章的其余部分,我将重点介绍学生在常年高中"真实的"文化参与活动的具体案例。特别是,我研究了学生们一大早为一整天的课程做准备时自愿聚集的场景,比如在图书馆休息室或门厅等临时场所的聚集。学生们在这里进行思想交流,展开批判性争论,阅读新闻报道,分析社区流行活动,标志着图书馆门厅成为批判性参与的非官方场所。与其他课程相比,学生们通常可以在这里进行更多的文化互动。换句话说,对一些教师和管理者来说,学生在图书馆门厅进行有关文化与社会公正的活动时毫无戒心。本章指出了在学生参与并讨论解释性、分析性和批判性论点和文本方面,教室具备图书馆门厅上述作用的可能性。在考虑这些可能性时,我反思了学生是如何鼓励我以类似于思考图书馆门厅的方式来思考教室空间的。顺着这个思路,我找到了教育实践和教学的问题所在。

我的实地笔记摘录：

今天早上我去主办公室复印课堂讲义。排队的人很多，队伍半天都不动。我想我得去图书馆用那里的复印机复印了。很庆幸我做了这样的决定。这里像是通向图书馆的一小片开放区域，正对着入口处紧闭的大门，我觉得可以称这个区域为门厅、走廊或什么的，暂且称之为门厅吧。它就像一个有几张桌椅的小角落，还有一扇通往医务室的门，我之前一直在想这里到底是不是医务室。有时候我会看到亚历山德里娅坐在那里，与值班护士一起说笑。有时候她会以一种很戒备的姿势坐着。但仅凭她在医务室的那些日子、与护士的交流或她在那间医务室的理由，我就能确认她是喜欢那个护士的。嗯，今天这个门厅内只有卡莉玛、罗莎、伊薇特和其他三个人。我可以看出来那些学生之前是在图书馆里面，也许是在里面上课，因为当我走到图书馆门口的时候，透过一块狭窄的玻璃可以看到图书馆内部以及他们所在的位置（提醒：这块玻璃是否真的像我想的那样狭窄？我还得确认一下）。但没有人来为我开门。那好吧！没关系。反正不管怎样，我都要先和门厅里的学生交谈一下。

学生们告诉我刚刚克里斯蒂娜哭了，罗莎说："我只是让你知道，因为我敢打赌她今天会把课堂弄得一团糟。"我觉得她抢了我的话——"一团糟"，它几乎总结了罗莎对克里斯蒂娜的所有评价。我瞥了她一眼，她的表情仿佛在说："你最好做好准备。"我点点头，表示我收到了她的信号。这个门厅里有三张圆桌，我在桌旁找了个位置，刚一坐下，卡莉玛就说："嗨，金洛克女士，坐到我们旁边吧。"她告诉我，我非常适合加入他们正进行的有关校园暴力的对话。她问我是否听说过弗吉尼亚理工大学枪击案，不等我回答，她就紧接着说："知道发生什么了吗？听了会让你不想上大学了。"其他学生也提出了类似的在恐怖和暴力时期不去上大学的观点。

伊薇特坐在我左边，罗莎坐在她对面，卡莉玛坐在我面前，而罗伯特坐在卡莉玛身边。还有两个人坐在我左边的桌子旁，另一个人坐在罗莎附近。伊薇特弯腰读着《每日新闻》和其中有关校园枪击案的文章。卡莉玛想知道枪手的动机，每个人都用不同的方式表达着"啊，不知道"，包括我在内。她在问起罪犯的种族或民族的同时，低头在文章中寻找信息："文章可能提到了，也可能没提到。"伊薇特向我靠近了一些,仍然保持着弯腰的姿势,说道:"这上面讲了,我刚刚看到的。"她指着新闻报道的一部分:"就是这段。不对,不是在这儿。"然后又指着另一部分:"这里说亚洲男性"和"发狂的"。她抬头看着我们所有人,然后提出为何一定要表明种族的疑问。很快她补充道:"人们这么关心种族和民族。"从她的表情我能看出来,她真的在问一个有关种族意义的问题,但在座的没人能立即回答她。我们讨论了她的问题,但得到的是更多保守的答案。有人说了一些"新闻就是这样描述的"之类的言论,而其他人说:"可能有些人会猜测谁会这样做。"另一个人说道:"我只是想知道。这也是我们一直在问的问题。"当伊薇特询问种族为何如此重要时,她的意图更加明显了。对此,我想起罗莎关于"作为黑人或拉丁裔,其他人如何看待你"的评论,即他们除了自以为是的想法以外对你一无所知,因此,他们执着于了解犯罪者的种族或民族。

  我完全融入到这次对话中,不禁问他们如何回应暴力或者帮助别人去回应暴力。我真的很想听听他们对此有何看法。卡莉玛对校园枪击事件感到非常难过,说在我们的生活中不能容忍这样的事情。我想起她问我的问题:"为什么我们要这样做?告诉我为什么。"我在心里寻找答案,却发现我和其他任何人一样呆滞和愚蠢。在那一刻,我只能回答:"我不知道。"然后他们都看着我。他们是以一种我作为一名教师就应该立即给出答案的态度看我的吗?是以一种自己的朋友或者家人突然变成陌生人的眼光看我的吗?我仿佛失去了一切。意识到这一点后,我让卡莉玛跟我谈谈她的看法。"你也是人。"她这样说道,"我的意思是,还是有一些问题甚至连老师都没有答案。你的反应很真实。"

  天哪,我正面对着一个如此重要的教育时刻。我感到很高兴。此时我对自己的定位是学生,而卡莉玛和其他学生则是教师。我让卡莉玛跟我们谈谈她的意见,告诉我们她的想法是什么。罗莎也加入进来,询问卡莉玛她在这种情况下会做些什么。卡莉玛的回答让我铭记不忘。她的话已经成为我个人生活和职业生涯最重要的一部分。她谈到人们应该支持有意义的和积极的事情。我们需要学习如何"彼此相爱,即使我们彼此没那么了解,甚至根本不了解对方"。卡莉玛慷慨激昂地说,置身于"一个沮丧、绝望、仇恨和自我厌恶的境地时"，我们应该坚强。她说："我们必须看着镜子，问问自己事情是否真的如此糟糕"，或者我们是否会"让事情变得更糟，从而伤害到别人"。她关于对我们自己的行为负责的陈述发人深省："这不仅仅关乎某一个人，受我们行为影响的人远比我们想到的更多。"

我已热泪盈眶，无言以对。我们都为之感动，也都受到了鼓舞。我看了一眼手表，离上课时间不到 5 分钟了，这个时候我的讲义还没有复印。但这问题不大。我们所有人都静默地围着圆桌坐着，罗莎伸手示意拥抱一下，打破了沉默。伊薇特走到桌子对面给她一个拥抱。罗莎给了卡莉玛一个拥抱，然后，卡莉玛又抱了一下罗伯特。她看着坐在附近的那些人，他们都站起来彼此拥抱。这些家伙假装不在乎或不情愿的样子，但还是接受了他们的拥抱，并且回以拥抱。突然，他们都转身看着我。我站起来，跟大家拥抱，试图掩饰我已隐藏不住的眼泪，然后微笑着走向教室。

突破：不依赖假设

以上实地笔记的摘录，记录了学生和我在了解弗吉尼亚理工大学校园枪击事件时的一些情绪反应。尽管我们一再谈论那次不幸的暴力事件及其对附近人们的影响，但是我们在那个图书馆门厅交流的远远不止是暴力和那些被打上"发狂的"标签的人。在这个共享空间，我们通过分享找到了慰藉。从大声朗读自己选择的新闻报道段落，到从文章中寻找所有提问的答案并回想有关该事件的报道信息，学生们对此怀有很大的兴趣。在这个特殊的学校空间（图书馆门厅）里，学生自发地、有组织地整天聚集在一起，形成这样一种课程方式，它要求我们提出质疑，表达感受，面对内心真实的情感，并寻找将人类团结在一起的纽带。

最终，当每一位学生都进入教室时——无论他们有没有在图书馆门厅聚集，我陷入了回忆。我扫视了整个教室，发现有些学生在笑，有些学生趴在桌上，有些学生从教室的这头走到那头，还有几个学生慢悠悠地、毫无歉意地走进走出。我想到了我和伊薇特、卡莉玛、罗莎、罗伯特以及坐在门厅里的其他男同学一起参与的活动。我记得大家严肃的神情、眼泪和那些拥抱。突然，我的回忆被打断了。学生们开始问我们在课堂上要做什么，家庭作业是否该交了，他们是否会有时间和写作小组的同伴合作。

我没有遵循例行程序,而是说我们将利用上半节课的时间围绕一个话题来写作,而下半节课就这个话题的写作进行讨论。维克托一脸疑惑地问道:"什么话题?"卡莉玛抬头看看我,我问她脑海中有没有什么想让大家一起思考的话题。"得了吧。这是很蠢的。""她肯定什么都想不到。"一些学生回应道。"任何话题都可以吗?"卡莉玛问道。我说:"什么都行。"卡莉玛面向全班同学,对那些正在与朋友交谈的学生说道:"我认为我们应该写的是:你害怕什么,以及你如何在不伤害别人的情况下解决让你害怕的问题。"维克托想知道她为什么提出这个问题,卡莉玛答道:"你有没有看新闻或者读报纸?如果你看了、读了,就会想到弗吉尼亚理工大学。"随之而来的是一片沉寂,学生们开始写作了。

在下半节课,我请学生们分享他们的文章。令我惊讶的是,维克托自愿朗读自己的文章。以下来自他的文章摘录:

> 卡莉玛,我确实听说过弗吉尼亚理工大学发生的事情。我不知道你是否有朋友或其他什么人在那里。我希望你没有,但如果真的有,我希望他们平安。我害怕的事是失败。这可能听起来很滑稽,但我真的害怕失败。在我生命中,有太多人让我失望了,我希望我不会让他们失望。也许我可以给予他们依靠。

丹尼尔补充说:"我害怕高中毕业,因为我不知道我将要去哪里。人们以为每个人都有自己的计划,而我却没有。"然后,克里斯蒂娜举起手,朗读了以下几行:

> 害怕?就我而言,我害怕的是"害怕"本身。你们都知道我的行为方式。一直以来,我都无法控制自己。我一直在努力。我想部分原因是我害怕"害怕"本身吧。这毫无意义,对吧?这就是我所害怕的。所以,我表现得让你们都认为我没有恐惧,好像我什么都不怕。但我确实会害怕。谁不害怕呢?

谢里夫插话评论道:"把精力放在好的事情上,那么好的事情就可能发生。"他整理了一下零散的纸张,然后读道:

> 我害怕很多东西:黑暗,光,走到不知道谁在等你的角落,还有一颗破碎的心。忘记过去,感觉就像你所爱的人离开了你,又慢慢忘记你。这些日子以来,有什么是不可怕的?面对你害怕的事情,你也应该能说出你不害怕它。对那些看着你的陌生人微笑,告诉你的妈妈你爱她,告诉你的父亲、叔叔、兄弟或你生命中的某一个男性,你想要像他们一样。梦想未来,了解自己。尊

重他人,并且在他们尊重你时不要害怕。的确有很多让人害怕的事物,但也有很多不可怕的东西。这是你需要去维持的一个有趣的平衡。

与上面其他人强调的一样,谢里夫的作品传达了非常有影响力但通常不会在课堂环境中分享的个人信息。事实上,他们的信息往往缺乏包含教学议程和教育实践的经历。然而,为了努力培养与学生之间有意义的教与学关系,他们的意见在收集资料和识别信息方面有重要意义。我们怎么能继续忽视学生的"害怕'害怕'本身""害怕失败"或"你所爱的人离开了你,又慢慢忘记你"的感受和想法呢?对学生们分享的关于他们自己及其文学实践、社区以及对地方和国家事件的反应,教师和教师教育者应如何密切关注呢?提供机会让他们讨论身份、权力、正义、斗争和归属等主题吗?这些主题是否还没有成为我们吸引学生学习的,让他们尽力完成学术工作的核心?课程中是否有可以让学生和教师表达对现实生活情境主观、情感和人道反应的空间?在根据州标准创造这样的空间时,我们是否可以通过写作和讨论来了解学生的反应模式,找到满足他们需要的具体措施?

例如,学生们在图书馆门厅阅读和讨论新闻报道时,他们展示了自己将文学用于社交互动的能力。几天后,同学们在图书馆门厅进行后续讨论期间,复印了其他载有弗吉尼亚理工大学枪击事件的本地报纸和全国性报纸。学生们参考了《夜间新闻》的报道,复印了近几年在其他州发生的有关校园暴力事件的文章。这些代表了学生对信息收集和理解的能力。经过写作、讨论,最终学生们通过他们的作品所建立的联系以及我们在课堂上讨论的众多口语诗节选,都反映了他们的文学表达和回应。他们回应彼此作品和回应的方式,以及对我意见的征求,都反映出他们的批判性分析和评估能力。在这里我想提出的观点是,学生们在图书馆门厅和英语课堂上以批判性的、富有洞察力的和有意义的方式达到了纽约州的学业标准。那么,为什么我们不能利用图书馆门厅、自助餐厅、学校建筑旁的人行道、校园以及教室以外的其他空间,与学生一起或者为学生开展教学活动呢?

"害怕'害怕'本身":最后的建议

本书已接近尾声,我承认我还在思考这项工作带来的一些困境(例如教学要求;教师要与四个以上的学生一起工作,其中学生水平可能参差不齐;教师作为具有集体谈判权利的公职人员所面临的现有挑战)。我也在研究一些新的可能性(例如学生作为教师,教师作为辅导员,学生和教师打破课堂实践的常规例程,学生运用熟悉的例子诠释作业)。最后一章的开始伴随着我对学生、教师和教师教育者关于"共同点"(谢里夫)、参与角色转变、培养社区意识等特定问题的思考。因为公立学校教与学的现实与学习标准、教学要求和权力准则息息相关,在考虑这些因素时,我也试图将这些现实考虑在内。

显然,我还将继续努力工作,从上述因素出发并着力解决,因为我知道自己对从常年高中的学生身上以及我受邀前往的其他学校和社区中学到的经验铭感五内。我将简要地强调我所学到的一些经验,以此作为本书的终结,并且我会继续将这些经验融入到我自己的理论、概念和实践工作中去:

1. 将教学视为一种教学相长的互惠行为。我们不能再将教学视为"教师发出公告,进行教学准备,之后学生接收这些准备好的内容"(Freire,1970/1997,p.57)这样片面的行为或活动了。这种过时的方法以一种不平衡的权力关系为基础,这种权力关系无法引导学生体会实验性的、质疑性的学习本质。

2. 要了解不必将教学内容转化为常规的"立即就做"的活动、作业单或测试练习。正如学生向我展示的那样,教学内容应包括由学生和教师共同创造的以及来自学校和社区的各种文本、经验和学习经历。

3. 学习多种方式,有效地为学生建模,让学生为教师和同伴建立关键技能和实践模型。建模的目的不是为特定的话语风格或思维方式赋予特权,而是通过接受或使用解释性的分析态度来揭示多种教与学的方式。在某些方面,即使在混乱、复杂的阶段,当教师和学生对可能有助于强调批判性思维方面的关键技能和实践进行建模时,这些技能也能从一个环境转移到另一个环境中去。

4. 努力在教与学的技能和方法之间保持平衡。我认为需要从公立学校教室内进行的教与学活动中挤出一些时间来开展这样的辩论。对那些每天坐在我们面前的学生,这种或技能或过程、或左或右、或对或错的二元关系,会损害他们多样化的观点和学习方式。我们是否可以找到通过以学生期望的、被要求的和需要学习的知识来体现各种不同教学方法的实践方式?

5. 明确在学校和整个社会中运作的准则和权力文化。虽然这听起来像是我在老调重弹,但事实并非如此。权力结构和动态环境是真实的,它们在学校中,在课程改革和重新设计标准化考试中,在政治体系中,在针对种族研究、移民权利、投票权和语言多样化教学的攻击中运作着。

6. 在我们以教师、教师教育者、研究人员和其他身份通过有意义的方式帮助学生时,要认识到学生已经拥有的知识。每当我考虑到这一点,就会努力更好地倾听学生的意见,并以批判性的、有意义的方式刻意将他们的观点纳入课程设计和选择中。换句话说,我将致力于以合作的方式与学生一起工作,在对学校内外活动提出有意义的问题、问题解决和民主参与等活动中,这也许会创造更多的机会。

7. 从我们的教学出发,从学生现有的经历出发去考虑文化的现实意义。我认为多元文化教育和公平教育应该是语言、文学和文化等任何重要工作的核心,运用文化相关教学、文化建模和评判种族理论变得非常重要。除了从这些理论框架中呈现身份、地点、种族和反故事性的相关工作之外,在教与学的过程中考虑文化的现实意义可能会帮助师生认识到黑人和棕色人种作为读者、作者、发明者和领导者的丰富历史。因此,这些贡献应该成为教与学的核心。

8. 以人性化项目的形式处理教与学活动(参见 Kinloch 和 San Pedro,待发表)。这些项目包含各种不同的声音、观点、意识形态和认识论立场,具有深远的意义。这些构成以聆听(Bakhtin,1981;Bartolome,1994;Schultz,2009)为理论框架的讲述、复述和重新呈现故事的基础。在方法论上,这种讲述、复述和重新呈现以非线性的方式发生——从左到右,从右到左,通过电话、电子邮件、Skype 和文学作品进行的对话成为教师和学生的基本交流形式。

最后,我意识到我在本书中所分享的故事是有选择性的,只是与常年高中的学生一起经历的众多故事中的一小部分。显然,还有很多学生以及他们的文化参与故事没有提及。尽管如此,为了关注学生的文学实践、挑战和参与,我还是很希望这些具有代表性的章节以及各自的论点能够提供一些具体见解。这种对学生的关注可能对课堂内的课程决策和教学实践,以及我们在学校和社区的社会公正和民主中所付出的努力产生重大影响。此外,这些因素表明,教师、教师教育者、研究人员和其他致力于丰富学生——特别是那些公立学校中有色种族学生、来自穷人和工薪阶层家庭的学生——的文学活动的人,不能继续像这个国家的教育、政治和经济格局并未改变一样行事了。这些环境已发生变化,因此,我们与学生合作的方式也必须改变。

译后记

本书讲述了瓦莱丽·金洛克教授在哈勒姆社区常年高中教与学方面的实例,围绕民主参与、教育公平和自我认同等主题,描述了哈勒姆社区学生,特别是有色种族学生在面对打破常规的教学机会时从抗拒、质疑到接受、认同的思想转变,展现出他们对提高文化素养的渴望和对民主的向往。在漫长的翻译过程中,笔者时常对书中的故事产生共鸣,反复思考将本书带给中国的读者的初心是什么,以及我们如何从中得到启示。

诚然,本书描述了美国有色种族学生关于教与学的挣扎、困惑、抗拒、合作、自我认同,以及在种族歧视的背景下他们所经历的教育不公平现象。这样的背景看似与中国毫无关联,可本书依旧给中国的教育者、研究者,甚至政策制定者提供了重要的启示。

首先,"师者,所以传道受业解惑也",随着社会的发展、时代的进步,教师的角色已经不仅仅是传道、授业、解惑。"授人以鱼,不如授人以渔。"如何使学生由被动的接受者变为主动参与者?如何打破教师对学生的固化的偏见?教师如何帮助学生认识自我、接受自我并从生活中寻找灵感?这些问题不仅存在于美国有色种族学生中,在中国,同样是亟待解决的问题。特别是贫困农村地区的学生,在教育、经济、政治资源都相对紧缺的环境下,如何为他们提供更高质量的教育,应该成为教育者和政策制定者关注的重点,更是教育精准扶贫的难点。作者从开篇"我们能依靠谁?算了吧"的质疑,到末末"我们必须让教师知道学生对教学的看法",通过批判性的讨论和创新性的教学实践引导哈勒姆高中生和职前教师在课堂中实现从寻求依靠到主动作为的思想转变。这些发生在课堂上的对话,对我国的教育研究者和从业者有着非常重要的启示意义。

这本译作的初稿完成之时,笔者与作者金洛克教授进行了交流。在表达了对本书中文译本即将出版一事的兴奋之余,金洛克教授特别强调本书对中美两国教育的启示。她指出,尽管《跨越界限》的英文原版出版近十年了,但美国依然存在一些非常紧迫的教育问题,例如关于何为高质量教学的讨论,关于标准化考试价值的争议,以及更加多样化教师队伍的缺乏。同样,在中国,我们也在进行一些讨论,比如学生在国际标准化测试中的表现,社会流动性和财富对学生学业表现的影响,以及如何缩小教育资源的城乡差距等。虽然这些问题在中美两国都不算新鲜事物,但它们的确揭示了理解当下教育体系施加于学生及其家庭的压力的重要性,而这种教育体系恰恰忽略了学校教育和社区教育需要倚重的多样性和批判性的教学方式。因此,想要更好地理解和接受教与学非传统意义上的定义,教育者、研究者和政策制定者需要在全球范围内与各种类型的学校和教育系统开展更多的合作,共同探索提高教育教学质量的有效途径。

此外,本书采用的质性研究方法为研究者提供了良好的质性文章写作范式。多种多样资料收集方式,包括课堂录音录像、调查问卷、研究者实地笔记和学生的书面作品等,以讲故事的形式在书中一一呈现。同时,为避免研究者的个人偏见,作者客观地还原了原始资料的细节,比如对所处环境的描述,对完整对话的重现,甚至学生书面作品中出现的拼写错误也呈现出来,并在每个场景的描述之后加入研究者反思。本书调查问卷的设计、资料的选择和呈现方式、研究者反思和理论归纳以及行文风格为研究者撰写研究报告提供了范例。

最后,作为教育学领域探讨创新性教学方式的重要著作,本书的作者与笔者邀请读者,特别是广大教育工作者,在阅读本书时,与学生一起,跨越教学和学习的界限,尝试一种新的教学方法,寻找让学生真正走到一起的方式,帮助他们更好地与教师和同龄人开展合作,更好地理解学习的目的,并建立起人、地域和思想之间新的联系。

感谢高等学校学科创新引智计划(B16031)对本项目的资助。

附录 A

英语课程的学生

在下表中，我介绍了我在常年高中讲授高级英语课程时的学生。表中有学生自行填写的种族或民族、学习该课程时的年龄以及所居住的社区。为了保护隐私，下表以及整本书中仅使用化名来代表学生。

学　　生	种族或民族	年龄（岁）	居住社区
阿巴纳（Abana）	加纳裔和非洲裔美国人	18	布朗克斯区
亚历山德里娅*（Alexandria）	非洲裔美国人	15	哈勒姆区
奥雷利亚诺（Aureliano）	西班牙裔	18	哈勒姆区
卡洛斯（Carlos）	西班牙裔	18	华盛顿高地
塞莉纳（Celina）	拉丁裔	17	哈勒姆区
克里斯蒂娜（Christina）	非洲裔美国人和牙买加裔	19	哈勒姆区
达米亚（Damya）	非洲裔美国人	17	哈勒姆区
丹尼尔（Daniel）	西班牙裔	18	哈勒姆区与上西区交界
赫克托（Hector）	西班牙裔	18	曼哈顿/上西区
贾丝明（Jasmine）	非洲裔美国人	18	哈勒姆区
詹妮弗（Jennifer）	西班牙裔	17	哈勒姆区
乔斯（Jose）	非洲裔美国人和波多黎各裔	18	曼哈顿/上西区
胡安（Juan）	多米尼加裔	18	哈勒姆区
凯伦（Karen）	多米尼加裔	17	曼哈顿区晨边高地
卡莉玛（Karimah）	非洲裔美国人	17	哈勒姆区舒格山
琳达（Linda）	西班牙裔	19	哈勒姆区
玛丽安娜（Mariana）	西班牙裔	18	华盛顿高地
迈克尔（Michael）	非洲裔美国人	18	哈勒姆区
帕特里夏（Patricia）	非洲裔美国人	18	哈勒姆区
拉简（Rajon）	非洲裔美国人	17	哈勒姆区
罗莎（Rosa）	波多黎各裔（Boricua）**	18	曼哈顿/上西区
谢里夫（Sharif）	非洲裔美国人	17	哈勒姆区

(续表)

学　　生	种族或民族	年龄（岁）	居住社区
索菲(Sophie)	非洲裔美国人	17	哈勒姆区
斯蒂芬(Stephen)	非洲裔美国人	18	哈勒姆区
特里纳(Trina)	波多黎各裔(Boricua)	18	西班牙哈勒姆
维克托(Victor)	西班牙裔	17	布朗克斯区
伊薇特***(Yvette)	非洲裔美国人	17	哈勒姆区

＊亚历山德里娅当时在读9年级，但是她请求获批选修我的高级英语课。对亚历山德里娅而言，这是一个附加课程，并非替代课程。如果要获得学分，她必须像其他学生一样完成所有作业。

＊＊按照《在线牛津词典》的释义，Boricua是"波多黎各人，特别是居住在美国的波多黎各人"(http://oxforddictionaries.com/definition/Boricua?region=us)。我的一些高中学生喜欢被称作"Boricua"，用他们的话说，这个单词显示了民族自豪感，含有"勇敢的人"的意思。在各种各样的出版物中，Boricua与波多黎各的土著印第安人泰诺人(Taino)所命名的博林肯岛(Borinquen)有关联。

＊＊＊伊薇特不是我这门课的注册学生，但是她利用课余时间学习了几乎全部的课程。

附录 B

职前教师向学生提出的问题

当地大学的职前教师在给来自常年高中的学生讲授完英语课程之后,提出了几个问题(见第一章)。在下一届高中生的英语课堂上,我跟他们分享了这些问题。正如我在本书第一章中所讨论的那样,我注意到学生们反思了这些问题并对这些共同经历进行了讨论。这些问题包括:

1. 教师该如何教育学生,并与学生讨论对自己学习负责的方法?

2. 就自己所知道的学生在英语课堂上能够学到的所有重要的实用技能中(例如如何写好文章,如何查找文献,如何口头表达思想,如何分析观点并做出回应),你认为你应该知道什么,需要知道什么,或者想要在英语课上学到什么?(这个问题基于一个高中学生的评论:他们在高中课程中学不到进入现实世界后所需要的东西。)

3. 学生如何与对自己的种族或民族背景保密的教师互动?

4. 关于教师给家长打电话的问题(很抱歉给你打电话),一个高中学生低声说:"父母讨厌老师这样做。"他们真的讨厌吗?你是怎么知道的?如果教师打电话是为了分享好消息呢?如果我们不应该给父母打电话了解你在学校以外的生活,那么我们(教师)应该怎么做?你认为教师怎样做才能不给你造成麻烦或者不干涉你的生活?

5. 我们谈论了很多关于了解学生的事情。你想要你的老师如何了解你?他们是否知道你希望他们知道的一切,了解你希望他们了解的一切?如果答案是否定的,你的老师还可以通过什么途径更好地了解你?他们该如何做出更好的努力?你觉得应该是什么样的?

6. 假设你有一个弟弟或妹妹明年要读高中,你最想告诉他们老师的是什么?关于老师和学校,你最想告诉你弟弟或妹妹的是什么?

7. 教师和学生如何确保人们在文化、种族和语言方面受到尊重?我们该如何以一种深刻的方式处理?

8. 由于课堂上的资源和时间有限,英语教师如何在课堂上以一种建立信任、融洽关系和责任感的方式评价学生的作品,而不会让学生觉得他们的作品不好或者他们的想法不太好?你如何处理反馈?

9. 系统层面的责任对个体层面的责任:科佐关注的是对"差"孩子的系统性伤害。他这样做没错!这个国家不是我们应该生活的地方,这是一种不幸的情况。个体责任在教育中的哪个环节发挥作用以及如何发挥作用?个体责任可以带来我们对对方负责、对方也对我们负责的团队合作的状态吗?

10. 我们该如何教育学生,学校是在为他们的生活、成年以及随之而来的责任做准备,特别是他们谈判、倡导、管理、合作、抗拒,以及珍视自己、作业和作为资源和社区的学校的方式?

11. 我们讨论了课堂中的责任问题,但是在让学生愿意学习这件事上教师的责任有多大?我们可以管理班级,吸引学生学习……但是如果学生依然不想学习,或者表现得不想学习,教师应该发挥什么作用?

12. 你人生的终极目标是什么?你知道要实现这些目标需要采取哪些步骤吗?是否有人可以帮助你确定这些步骤?

13. 一个高中学生表示,开学第一天对于为整个学年确定基调来说非常重要。对于这一点,你有什么建议?作为一个高中教师,在开学第一天,我应该如何为整个班级定下全年的基调?还有,当教师说我们是一个集体(班级里的学生和教师)时,你作何感想?

14. 如果教师知道学生有家庭方面的困难(比如父母离异,缺少父母支持,家庭事务缠身等),教师该怎样帮助学生不受这些事情的干扰而专注于学习?教师该如何鼓励学生在"短时间"内不去想这些事情以免影响学习?当教师说"不要想这些事情"时,你认为这是明智的做法吗?当教师这样说的时候,你会不会认为教师在轻视这些现实问题?

15. 教师如何获得学生的尊重,是自然而然地获得,还是需要花费一段时间?

16. 你学过的最难忘的课是什么?为什么?

17. 如何在课堂上与教师建立联系?你是否曾认为你与教师之间没有共鸣,后来却惊讶地发现与教师建立了更好的关系?是什么造成这种改变?

18. 你愿意把自己现实生活中的技能、问题、知识和想法带到课堂中吗?如果你的老师要求你这样做,你会觉得为难吗?

19. 你想问老师什么事情,关于他们你想了解什么?

20. 这是一个职前教师问我的问题:在这样截然相反或不同的环境中(一所是大部分学生为哈勒姆区有色种族的高中,另一所是大部分学生为白种人的本地大学)从事教育行业,你经历过的最大的挑战或困难是什么?

参考文献

Anderson, J. (1988). *The education of Blacks in the south, 1860 – 1935*. Chapel Hill: University of North Carolina Press.

Anzaldua, G. (2007). *Borderlands/La Frontera: The new mestiza*, 3rd ed. San Francisco: Aunt Lute Books.

Ayers, W. (1996). A teacher ain't nothin' but a hero: Teachers and teaching in film. In W. Ayers & P. Ford (Eds.), *City kids, city teachers: Reports from the front row* (pp. 228 – 240). New York: The New Press.

Ayers, W., & Ford, P. (Eds.). (1996). *City kids, city teachers: Reports from the front row*. New York: The New Press.

Bakhtin, M. (1981). *The dialogic imagination* (C. Emerson & M. Holquist, Trans). Austin: University of Texas Press.

Ball, A. (2006). *Multicultural strategies for education and social change: Carriers of the torch in the United States and South Africa*. New York: Teachers College Press.

Ball, A., & Tyson, C. (2011). *Studying diversity in teacher education*. Lanham, MA: Rowman & Littlefield Publishers.

Ball, A. F. (2003). US and South African teachers' developing perspectives on language and literacy: Changing domestic and international roles of linguistic gatekeepers. In S. Makoni, G. Smitherman, A. F. Ball, & A. K. Spears (Eds.), *Black linguistics: Language, society, and politics in Africa and the Americas* (pp. 186 – 214). London: Routledge.

Banks, C. A. M., & Banks, J. A. (1995). Equity pedagogy: An essential component of multicultural education. *Theory into Practice*, *34*(3), 152 – 158.

Banks, J. A. (Ed). (1996). *Multicultural education, transformative knowledge, and action. Historical and contemporary perspectives*. New York: Teachers College Press.

Barone, D. M. (2004). Case-study research. In N. Duke & M. Mallette (Eds.), *Literacy research methodologies* (pp. 7 – 27). New York: The Guilford Press.

Bartolome, L. (1994). Beyond the methods fetish: Toward a humanizing pedagogy. *Harvard Educational Review*, *62*(2), 173 – 194.

Bell, C. (2010). *East Harlem revisited*. Mt. Pleasant, SC: Arcadia Publishing.

Berthoff, A. (1987). The teacher as RE-searcher. In D. Goswami & P. Stillman (Eds.), *Reclaiming the classroom: Teacher research as an agency for change* (pp. 28 – 38). Upper Montclair, NJ: Boynton/Cook.

Brandt, D. (2001). *Literacy in American lives*. Cambridge, UK: Cambridge University Press.

Butchart, R. (1980). *Northern schools, southern Blacks, and reconstruction*. Westport, CT: Greenwood Press.

Butchart, R. (2010). *Schooling the freed people: Teaching, learning and the struggle for Black freedom, 1861 – 1876*. Chapel Hill: The University of North Carolina Press.

Camangian, P. (2010). Starting with self: Researching autoethnography to foster critically caring literacies. *Research in the Teaching of English*, *45*(2), 179 – 204.

Campano, G. (2007). *Immigrant students and literacy: Reading, writing, and remembering*. New York: Teachers College Press.

Center for Multicultural Education. (2001). *Diversity within unity: Essential principles for teaching and learning in a multicultural society*. Retrieved from http:// education.washington.edu/cme/DiversityUnity.pdf

Chapman, T., & Kinloch, V. (2010). Emic perspectives of research. In D. Lapp & D. Fisher (Eds.), *Handbook of research on teaching the English language arts* (pp. 379–385). New York: Routledge.

Cochran-Smith, M., & Lytle, S. L. (1999). The teacher research movement: A decade later. *Educational Researcher, 28*(7), 15–25.

Darling-Hammond, L. (1996). The right to learn and the advancement of teaching: Research, policy, and practice for democratic education. *Educational Researcher, 25*(6), 5–17.

Darling-Hammond, L. (1998). Education for democracy. In W. C. Ayers & J. L. Miller (Eds.), *A light in dark times: Maxine Greene and the unfinished conversation* (pp. 78–91). New York: Teachers College Press.

Darling-Hammond, L. (2010). *The flat world and education: How America's commitment to equity will determine our future.* New York: Teachers College Press & Economic Policy Institute.

Davis, C. T., & Gates, H. L. (1985). *The slave's narrative.* New York: Oxford.

Delpit, L. (1995). *Other people's children: Cultural conflict in the classroom.* New York: The New Press.

Delpit, L. (1996). The politics of teaching literate discourse. In W. Ayers & P. Ford (Eds.), *City kids, city teachers: Reports from the front row* (pp. 194–210). New York: The New Press.

Dimitriadis, G. (2001). "In the clique": Popular culture, constructions of place, and the everyday lives of urban youth. *Anthropology and Education Quarterly, 32*(1), 29–51.

DiPardo, A., Storms, B. A., & Selland, M. (2011). Seeing voices: Assessing writerly stance in the NWP Analytic Writing Continuum. *Assessing Writing.* doi:10.1016/j.asw.2011.01.003

Douglass, F. (2002). *Narrative of the life of Frederick Douglass: An American slave, written by himself.* New York: Bedford/St. Martin's Press. (Original work published 1845)

Du Bois, W. E. B. (Ed.). (1903). *The Negro church.* Atlanta: Atlanta University Press.

Dyson, A. H., & Genishi, C. (2005). *On the case: Approaches to language and literacy research.* New York: Teachers College Press.

Ek, L. D., Machado-Casas, M., Sanchez, P., & Smith, H. (2011). Aprendiendo de sus comunidades/learning from their communities: Bilingual teachers researching urban Latino neighborhoods. In V. Kinloch (Ed). *Urban literacies: Critical perspectives on language, learning, and community* (pp. 15–37). New York: Teachers College Press.

Fairbanks, C., & Price-Dennis, D. (2011). Studies on popular culture and forms of multimodality. In V. Kinloch (Ed.), *Urban literacies: Critical perspectives on language, learning, and community* (pp. 143–144). New York: Teachers College Press.

Fecho, B. (2004). *"Is this English?" Race, language, and culture in the classroom.* New York: Teachers College Press.

Fisher, M. T. (2004). "The song is unfinished": The new literate and literary and their institutions. *Written Communication, 21*(3), 290–312.

Fishman, J., Lunsford, A., McGregor, B., & Otuteye, M. (2005). Performing writing, performing literacy. *College Composition and Communication, 57*(2), 224–252.

Fox, T. (2009). From freedom to manners: African American literacy instruction in the 19th century. In S. Miller (Ed.), *The Norton book of composition studies* (pp. 119–128). New York: W. W. Norton & Company.

The Freedmen's Bureau online. (n.d.). Records of the Bureau of refugees, freedmen and abandoned lands. Retrieved from http://www.freedmensbureau.com/freedmens-bureau

Freire, P. (1973). *Education for critical consciousness.* New York: Seabury Press.

Freire, P. (1997). *Pedagogy of the oppressed.* New York: Continuum. (Original work published 1970)

Gere, A. R. (1994). Kitchen tables and rented rooms: The extracurriculum of composition. *College Composition and Communication, 45*(1), 75–92.

Gilyard, K. (1991). *Voices of the self.* Detroit: Wayne State University.

Ginwright, S. A. (2010). *Black youth rising: Activism & radical healing in urban America.* New York: Teachers College Press.

Greene, M. (2000). *Releasing the imagination: Essays on education, the arts, and social change.* San Francisco: Jossey-Bass.

Gustavson, L. (2008). Influencing pedagogy through the creative practices of youth. In M. L. Hill & L. Vasudevan (Eds.), *Media, learning, and sites of possibilities* (pp. 81–114). New York: Peter Lang.

Haberman, M. (1996). The pedagogy of poverty versus good teaching. In W. Ayers & P. Ford (Eds.), *City kids, city teachers: Reports from the front row* (pp. 118–130). New York: The New Press.

Haddix, M. (2010). No longer on the margins: Researching the hybrid literate identities of Black and Latina preservice teachers. *Research in the Teaching of English, 45*(2), 97–123.

Haddix, M., & Rojas, M. A. (2011). (Re)Framing teaching in urban classrooms: A poststructural (re)reading of critical literacy as curricular and pedagogical practice. In V. Kinloch (Ed.), *Urban literacies: Critical perspectives on language, learning, and community* (pp. 111–124). New York: Teachers College Press.

Haymes, S. (1995). *Race, culture, and the city: A pedagogy for Black urban struggle.* Albany: State University of New York Press.

Hill, M. L. (2009). *Beats, rhymes, and classroom life: Hip-hop pedagogy and the politics of identity.* New York: Teachers College Press.

Holloway, K. (1993). Cultural politics in the academic community: Masking the color line. *College English, 55,* 53–92.

Holt, T. (1990). "Knowledge is power": The Black struggle for literacy. In A. A. Lunsford, H. Moglen, & J. Slevin (Eds.), *The right to literacy* (pp. 91–102). New York: The Modern Language Association of America.

Hooks, b. (1989). *Talking back.* Boston: South End Press.

Howard, T. (2010). *Why race and culture matter in schools: Closing the achievement gap in America's classrooms.* New York: Teachers College Press.

Jordan, J. (1996). Nobody mean more to me than you and the future life of Willie Jordan. In W. Ayers & P. Ford (Eds.), *City kids, city teachers: Reports from the front row* (pp. 176–193). New York: The New Press.

Jordan, Z. L. (2011). "Found" literacy partnerships: Service and activism at Spelman College. *Reflections: A Journal of Writing, Service-Learning, and Community Literacy 10*(2), 38–62.

Kim, J. (2011). Is it bigger than hip-hop? Examining the problems and potential of hip-hop in the curriculum. In V. Kinloch (Ed.), *Urban literacies: Critical perspectives on language, learning, and community* (pp. 160–

176). New York: Teachers College Press.

Kinloch, V. (2005). Poetry, literacy, and creativity: Fostering effective learning strategies in an urban classroom. *English Education*, *37*(2), 96–114.

Kinloch, V. (2007). "The white-ification of the hood": Power, politics, and youth performing narratives of community. *Language Arts*, *85*(1), 61–68.

Kinloch, V. (2009). Suspicious spatial distinctions: Literacy research with students across school and community contexts. *Written Communication*, *26*(2), 154–182.

Kinloch, V. (2010a). *Harlem on our minds: Place, race, and the literacies of urban youth*. New York: Teachers College Press.

Kinloch, V. (2010b). "To not be a traitor of Black English": Youth perceptions of language rights in an urban context. *Teachers College Record*, *112*(1), 103–141.

Kinloch, V. (2011). Crossing boundaries, studying diversity: Lessons from preservice teachers and urban youth. In A. Ball & C. Tyson (Eds.), *Studying diversity in teacher education* (pp. 153–170). Lanham, MD: Rowman & Littlefield Publishers.

Kinloch, V., & San Pedro, T. (in press). The space between listening and story-ing: Foundations for Projects in Humanization (PiH). In D. Paris & M. T. Winn (Eds.), *Humanizing research*. Thousand Oaks, CA: Sage Publications.

Kohl, H. (1991). *I won't learn from you! The role of assent in education*. Minneapolis: Milkweed Editions.

Kozol, J. (2005). *The shame of the nation: The restoration of apartheid schooling in America*. New York: Three Rivers Press.

Ladson-Billings, G. (1994). *The dreamkeepers: Successful teachers of African American children*. San Francisco: Jossey-Bass.

Ladson-Billings, G. (1995). But that's just good teaching! The case for culturally relevant pedagogy. *Theory into Practice*, *34*(3), 159–165.

Ladson-Billings, G. (2004). New directions in multicultural education: Complexities, boundaries, and critical race theory. In J. A. Banks & C. A. M. Banks (Eds.), *Handbook of research on multicultural education*, 2nd ed. (pp. 50–68). San Francisco: Jossey-Bass.

Lee, C. D. (1992). Profile of an Independent Black Institution: African-centered education at work. *Journal of Negro Education*, *61*(2), 160–177.

Lee, C. D. (2007). *Culture, literacy, and learning: Taking bloom in the midst of the whirlwind*. New York: Teachers College Press.

Lincoln, E., & Mamiya, L. H. (1990). *The Black church in the African American experience*. Durham, NC: Duke University Press.

Lorde, A. (1980). *The cancer journals*. San Francisco: Spinster, Ink.

Mahiri, J., & Sablo, S. (1996). Writing for their lives: The non-school literacy of California's urban African American youth. *Journal of Negro Education*, *65*(2), 164–180.

Martinez, R. (2010). Spanglish as literacy tool: Toward an understanding of the potential role of Spanish-English code-switching in the development of academic literacy. *Research in the Teaching of English*, *45*(2),

124 – 149.

Martinez-Roldan, C. M. (2003). Building worlds and identities: A case study of the role of narratives in bilingual literature discussions. *Research in the Teaching of English*, 37, 491 – 526.

McHenry, E. (2002). *Forgotten readers: Recovering the lost history of African American literary societies.* Durham and London: Duke University Press.

McHenry, E., & Heath, S. B. (1994). The literate and the literary: African Americans as writers and readers—1830 – 1940. *Written Communication*, 11(4), 419 – 444.

Michie, G. (2004). *See you when you get there: Teaching for change in urban schools.* New York: Teachers College Press.

Moll, L., & Gonzalez, N. (2001). Lessons from research with language-minority children. In E. Cushman, E. R. Kintgen, B. M. Kroll, & M. Rose (Eds.), *Literacy: A critical sourcebook* (pp. 156 – 171). Boston: St. Martin's Press.

Mondello, S. (2005). *A Sicilian in East Harlem.* Amherst, NY: Cambria Press.

Moore, J. C. (1997). *The words don't fit in my mouth.* Atlanta: Moore Black Press.

Mora, P. (1986a). Border town: 1938. In P. Mora, *Borders* (p. 68). Houston: Art Publico Press.

Mora, P. (1986b). First love. In P. Mora, *Borders* (p. 68). Houston: Art Publico Press.

Morrison, T. (1970). *The bluest eye.* New York: Holt, Rinehart, & Winston Publishers.

National Association for Multicultural Education. (2003). *Definition of multicultural education.* Retrieved from http://www.nameorg.org/aboutname.html#define

National Center for Education Statistics. (1999 – 2000). *School and staffing survey.* Washington, DC: U.S. Department of Education.

National Center on Education and the Economy. (2008). Past examinatons. Retrieved from http://www.nysedregents.org/

Nieto, S., & McDonough, K. (2011). "Placing equity front and center" revisited. In A. F. Ball & C. A. Tyson (Eds.), *Studying diversity in teacher education* (pp. 363 – 384). Lanham, MA: Rowman & Littlefield Publishers, Inc.

Nino, C. S. (1996). *The constitution of deliberative democracy.* New Haven, CT: Yale University Press.

Noddings, N. (1993). *Educating for intelligent belief or unbelief: The John Dewey lecture.* New York: Teachers College Press.

Noddings, N. (1995). *Philosophy of education.* Boulder, CO: Westview Press.

Pallas, A. M., Natriello, G., & McDill, E. L. (1989). The changing nature of the disadvantaged population: Current dimensions and future trends. *Educational Researcher*, 18(5), 16 – 22.

Paris, D., & Kirkland, D. E. (2011). "The consciousness of the verbal artist": Understanding vernacular literacies in digital and embodied spaces. In V. Kinloch (Ed.), *Urban literacies: Critical perspectives on language, learning, and community* (pp. 177 – 194). New York: Teachers College Press.

Perry, T. (2003). Freedom for literacy and literacy for freedom: The African American philosophy of education. In T. Perry, C. Steele, & A. Hilliard III (Eds.), *Young, gifted and Black: Promoting high achievement among African Americans* (pp. 11 – 51). Boston: Beacon Press.

Pratt, R., & Rittenhouse, G. (Eds.). (1998). *The condition of education, 1998*. Washington, DC: U. S. Government Printing Office.

Rampersad, A. (Ed.). (1995). *The collected poems of Langston Hughes*. New York: Vintage.

Rich, M. F. (2000). America's diversity and growth: Signposts for the 21st century. *Population Bulletin*, *55*(2), 1–43. Washington, DC: Population Reference Bureau.

Rodriguez, L. (1996). Always running. In W. Ayers & P. Ford (Eds.), *City kids, city teachers: Reports from the front row* (pp. 11–24). New York: The New Press.

Rothstein, R., Jacobsen, R., & Wilder, T. (2008). *Grading education: Getting accountability right*. New York: Teachers College Press & Economic Policy Institute.

Royster, J. J. (2000). *Traces of a stream: Literacy and social change among African American women*. Pittsburgh: University of Pittsburgh Press.

Schultz, K. (2009). *Rethinking classroom participation: Listening to silent voices*. New York: Teachers College Press.

Sharman, R. L. (2006). *The tenants of East Harlem*. Berkeley: University of California Press.

Shor, I. (1992). *Empowering education: Critical teaching for social change*. Chicago: University of Chicago Press.

Sias, R., & Moss, B. (2011). Rewriting a master narrative: HBCUs and community literacy partnerships: Introduction. *Reflections: A Journal of Writing, Service-Learning, and Community Literacy*, *10*(2), 1–15.

Sleeter, C. E. (2005). *Un-standardizing the curriculum: Multicultural teaching in the standards-based classroom*. New York: Teachers College Press.

Souto-Manning, M. (2010). Challenging ethnocentric literacy practices: (Re)positioning home literacies in a Head Start classroom. *Research in the Teaching of English*, *45*(2): 150–178.

Souto-Manning, M. (2011). A different kind of teaching: Culture circles as professional development for freedom. In V. Kinloch (Ed.), *Urban literacies: Critical perspectives on language, learning, and community* (pp. 95–110). New York: Teachers College Press.

Stake, R. (2000). Case studies. In N. Denzin & Y. Lincoln (Eds.), *Handbook of qualitative research* (2nd ed., pp. 435–454). Thousand Oaks, CA: Sage Publications.

Staples, J. (2008). "Are we our brothers' keepers": Exploring the social functions of reading in the life of an African American urban adolescent. In M. L. Hill & L. Vasudevan (Eds.), *Media, learning, and sites of possibilities* (pp. 57–72). New York: Peter Lang.

Taylor, M. (2002). *Harlem: Between heaven and hell*. Minneapolis: University of Minnesota Press.

Teel, K. M., & Obidah, J. E. (2008). *Building radical and cultural competence in the classroom: Strategies from urban educators*. New York: Teachers College Press.

Torre, M., & Fine, M. (2006). Researching and resisting: Democratic policy research by and for youth. In S. Ginwright, P. Noguera, & J. Cammarota (Eds.), *Beyond resistance! Youth activism and community change: New democratic possibilities for practice and policy for America's youth* (pp. 269–285). New York: Routledge.

Vasudevan, L. (2009). Performing new geographies of literacy teaching and learning. *English Education*, *41*(4),

356–374.

Villanueva, V. (1993). *Bootstraps: From an American academic of color.* Urbana, IL: NCTE.

Walker, D. (1969). *Appeal in four articles.* New York: Arno Press. (Original work published 1848)

Willis, A. I., Montavon, M., Hall, H., Hunter, C., Burke, L., & Herrera, A. (2008). *On critically conscious research: Approaches to language and literacy research.* New York: Teachers College Press.

Winn, M. T. (2011). *Girl time: Literacy, justice, and the school-to-prison pipeline.* New York: Teachers College Press.

Witherell, C., & Noddings, N. (1991). *Stories lives tell: Narrative and dialogue in education.* New York: Teachers College Press.

Woodson, C. G. (2011). *Mis-education of the Negro.* New York: Tribeca Books. (Original work published 1933)

X, Malcolm, & Haley, A. (1992). *The autobiography of Malcolm X, as told to Alex Haley.* New York: Ballantine Books. (Original work published 1965)

Yin, R. (1984). *Case study research: Design and methods.* Newbury Park, CA: Sage.

图书在版编目（CIP）数据

跨越界限：城市青少年的教与学／（美）瓦莱丽·金洛克著；杨洁，唐晶晶译．—上海：华东师范大学出版社，2020

ISBN 978-7-5760-0683-4

Ⅰ.①跨… Ⅱ.①瓦… ②杨… ③唐… Ⅲ.①青少年教育－研究－美国 Ⅳ.①G775

中国版本图书馆 CIP 数据核字（2020）第 157767 号

Crossing Boundaries—Teaching and Learning with Urban Youth
by Valerie Kinloch
Copyright © 2012 by Teachers College, Columbia University
Simplified Chinese translation copyright © 2020
East China Normal University Press Ltd.
First published by Teachers College Press, Teachers College, Columbia University, New York, New York USA
All Rights Reserved.

上海市版权局著作权合同登记 图字：09-2019-606

跨越界限
——城市青少年的教与学

著　　者	瓦莱丽·金洛克
译　　者	杨　洁　唐晶晶
责任编辑	张继红　王海玲
责任校对	李琳琳　时东明
装帧设计	卢晓红

出版发行	华东师范大学出版社
社　　址	上海市中山北路3663号　邮编 200062
网　　址	www.ecnupress.com.cn
电　　话	021-60821666　行政传真 021-62572105
客服电话	021-62865537　门市（邮购）电话 021-62869887
地　　址	上海市中山北路3663号华东师范大学校内先锋路口
网　　店	http://hdsdcbs.tmall.com/

印 刷 者	上海锦佳印刷有限公司
开　　本	787×1092　16开
印　　张	10.75
字　　数	155千字
版　　次	2020年10月第1版
印　　次	2020年10月第1次
书　　号	ISBN 978-7-5760-0683-4
定　　价	46.00元

出版人　王　焰

（如发现本版图书有印订质量问题，请寄回本社客服中心调换或电话 021-62865537 联系）